Aquinas for Armchair Theologians

안락의자용 토마스 아퀴나스

Timothy M. Renick, *Aquinas for Armchair Theologians*,
Copyright©2002 Timoth M. Renick, p.163, ISBN(0-664-22304-4)
by Westminster John Knox Press

Korean Copyright©The St. Thomas Institute in Korea

이 책의 한국어판 저작권은 '알맹2' 에이전시를 통한
Westminster John Knox Press와의 독점계약으로 '한국성토마스연구소'에 있습니다.
저작권법의 보호를 받는 저작물이므로 무단전재와 무단복제를 금합니다.

Aquinas for Armchair Theologians
안락의자용 토마스 아퀴나스

교회인가 2019년 11월 25일 원주교구
제1판 제1쇄 펴낸날 2020년 1월 28일

지은이 • 티모시 레닉
옮긴이 • 이재룡
펴낸이 • 이재룡
펴낸곳 • 한국성토마스연구소

주소 • 25244 강원도 횡성군 우천면 경강로산전7길 28-53
전화 • 82-33-344-1238
전자우편 • stik2019@naver.com
홈페이지 • http://www.stik.or.kr
등록번호 • 134-96-14867

ISBN 979-11-969208-1-4 03160

이 도서의 국립중앙도서관 출판예정도서목록(CIP)은 서지정보유통지원시스템 홈페이지(http://seoji.nl.go.kr)와 국가자료공동목록시스템(http://www.nl.go.kr/kolisnet)에서 이용하실 수 있습니다(CIP제어번호: 2020000515)

값 15,000원

Aquinas for Armchair Theologians

안락의자용 토마스 아퀴나스

| 티모시 레닉 지음
| 론힐 삽화
| 이재룡 옮김

한국성토마스연구소

목 차

감사의 글 / 2

  1. 시작: 토마스 아퀴나스의 생애와 시대 / 9
  2. 인간, 천사, 하느님 / 27
  3. 악은 왜 존재하는가?
     인간은 자유 의지를 가지고 있는가? / 45
  4. 형이상학의 기초 (혹은 왜 우리는 이렇게 존재하는가?) / 69
  5. 법과 도덕 / 81
  6. 성(性)에 관한 모든 것 / 97
  7. "의로운 전쟁"과 이중 결과 / 115
  8. 낙태, 여성의 역할 등 / 137
  9. 정치 / 149
 10. 아퀴나스 읽기 / 167

추천 도서 / 179

인명 색인 / 182

주제 색인 / 184

역자 후기 / 190

| 감사의 글 |

나는 먼저 다트마우스 대학(Dartmouth College)과 프린스턴 대학교(Princeton University)에서 나를 가르쳐준 스승들, 특별히 론 그린(Ron Green), 제프리 스타웃(Jeffrey Stout), 그리고 지금은 유명을 달리 한 고 빅터 프렐러(Victor Preller)에게 감사의 뜻을 전하고 싶다. 그분들은 나를 능숙하게 토마스 아퀴나스에게로 이끌어 주었고, 나로 하여금 그의 사상에서 발견되는 수많은 보물들을 표본 채집하도록 적극적으로 지도편달해 주었다.

그리고 조지아 주립대학교(Georgia State University)의 나의 제자들에게도 고마운 마음을 전한다. 그들은 여러 해 전부터 나로 하여금 아퀴나스를 새로이 연구하도록 자극하였고, 그의 때로는 건조한 작품들을 즐길 만한 것으로 만드는 창의적인 방법을 찾아내도록 촉구하였다.

나는 내가 스승과 제자 양측으로부터 받은 이 소중한 영향들이 이 작은 소책자를 통해 잘 드러날 수 있기를 희망한다. 그리고 이 책의 초고를 읽고 비판적 조언을 아끼지 않은 조셉 인칸델라(Joseph Incandela)에게 특별히 감사의 뜻을 전한다.

조지아주 아틀란타에서 2001년 8월
티모시 레닉

1. 시작: 토마스 아퀴나스의 생애와 시대

"인간의 정신은 오로지 사고를 통해서만
진리를 이해할 수 있다"
(아퀴나스)

토마스 아퀴나스(Thomas Aquinas, 1225-1274)는 그리스도교 뿐만 아니라 서구 사상 일반의 역사에서도 가장 영향력 있는 서너 명의 사상가들 가운데 하나이다. 아퀴나스의 자연법 이론은 인권에 관한 우리의 현대적 개념들의 토대가 되었다. 국가에 관한 그의 관점들은 토마스 제퍼슨(Thomas Jefferson)의 독립선언문의 논증을 위한 모델을 제공하였다. 성에 관한 그의 주석들은 아직까지도 널리 영향을 미치고 있다. (그리고 꽤 재미 있기까지 하다.) 전쟁의 의로움과 비전투원의 지위에 관한 그의 관점들은 국제법으로 성문화되었고, 미국 군사교본에도 나타난다. 그가 죽은 지 700년이 지났지만, 그의 신 존재 증명은 아직도 철학자들 사이에서 가장 많이 논의되고 있다. 그리고 그가 신앙과 이성 사이에 작업해낸 타협안, 곧 '나는 어떻게 [절대자를 믿는] 종교인이면서도 과학의 요구들을 받아들일 수 있는가?'라는 질문에 대한 그의 답변은 오늘날 가장 현대적인 그리스도인들이 채택하는 대답이기도 하다.

만일 당신이 그리스도인이건 아니건 간에 보통의 미국인이라면, 당신은 아퀴나스의 몇몇 관점들을 읊조리거나 다른 것들에 도전하면서도, '그것들은 도대체 어디에서 왔지?' 하고 끊임없이 물으며, 걷고 있을 것이다. 그렇다면 우리는 모두 좋든 싫든 간에 어느 정도 '토마스주의자'(thomist) 곧 토마스 아퀴나스의 추종자들인 셈이다.

조용하면서도 잘난체하지 않는 어떤 지성인이 현대 세계에 그토록 중요하게 되었단 말인가? 큰 영향을 미치는 다른 모든 사상가들처럼, 아퀴나스의 두드러짐은 부분적으로는 그의 타고난 재능(talent)의 산물이지만, 부분적으로는 그가 (13세기라는) 시대적 격변기에 도전적으로 잘 응답한 결과이기도 하다.

아퀴나스가 태어났을 때, 유럽은 이른바 '암흑기'(Dark Age), 곧 정신적 삶이 종종 억압되고 교회의 권위가 지배하고 있던 시기에서 벗어나고 있었다. 아퀴나스가 태어나기 한 세기 전쯤인 1100년 경 페트루스 아벨라르두스(Petrus Abelardus, 1079-1142)라는 이름의 프랑스인이 이성을 활용하여 그리스도교 교리를 밝히고자 시도하였다. 자신만만하고 대결적인 방식으로 그렇게 함으로서 아벨라르두스는 곧 이단적이라는 낙인이 찍히고 자신의 책들이 불태워지는 것을 지켜보아야만 했다. (당시는 어떤 좋은 책을 불태울 때의 에티켓을 알고 있던 시대였고, 그래서 그들은

1. 시작: 토마스 아퀴나스의 생애와 시대 **11**

저자를 초대하는 매너를 지니고 있었다.) 그는 또한 고환을 제거당하는 치욕을 견뎌야 하였는데, 이것은 이 시대가 참으로, 힘있는 자들을 거역하는 이에게는 견디기 힘든 때였음을 보여주는 하나의 표지이다. 그날 저녁 (비록 그의 거세를 선동한 당사자는 아니지만) 그의 주적은 클레르보의 베르나르두스(Bernardus de Clairvaux, 1090-1153)였다. 그는 "비록 나는 이해하지는 못하지만 믿는다"고 큰 소리로 선언한 교회 지도자로서 자신의 동료 그리스도인들에게 교회가 명령하는 모든 것을 신앙으로 다 받아들여야 한다고 가르쳤다.[1] 받아들인 교리들을 맹목적으로 지지

---

1. Jacobus de Vaagine, Life of St. Bernard(이것은 1250년경에 쓰인 작품이다). 현대의 서술을 찾아보려면. Cf. W. T. Jones, *The Medieval Mind* (New York, Harcourt Brace Jovanovich, 1969), pp.198-121. 그 직전에는 (pp.190-196) 페트루스 아벨라르두스에 관한 좀더 많은 정보를 제공하고

해야 한다고 아벨라르두스가 살았던 시대는 말하는 것처럼 보였다. 질문을 해서는 안 된다. 대답을 기대하지 마라.

　그렇지만 아벨라르두스의 시대와 아퀴나스의 시대 사이를 가르는 세기[12세기]에 교회는 예기치 못한 몇몇 도전들에 직면해야만 했다. 강력하고 새로운 관념들을 갖추고 있는 대학(大學)들이 옥스퍼드(1200년경), 파리(1200년경), 볼로냐(1200년경), 캠브리지(1209년), 나폴리(1224년)에 설립되었다. 십자군은 성지로부터 전리품과 함께 이상하면서도 새로운 종교적이고 지성적인 관념들, 곧 이슬람(Islam)의 가르침들을 가지고 돌아왔다. 그리스도교가 고립되고 단절되었을 때에는, 백성들에게 교회의 멍에를 맹목적으로 무조건 받아들이라고 말하더라도 잘 먹혀들던 것이 이제는 점점더 그렇게 하기가 어려워졌다. 이슬람교는 심지어 성경의 무류성(無謬性)조차 받아들이지 않았다. 그리스도교는 어떻게 자신의 진리를 이슬람교도들 또는 옥스퍼드의 학자들에게 입증할 수 있는가?

아퀴나스는 이에 대한 대답을 가지고 있었다. '이성'(理性)이 그 답이다. 만일 성경의 진리들과 그리스도교의 진리들이 합리적 기초를 지니고 있음을 보여줄 수 있다면, 예컨대, 그리스도교적 하느님의 존재가 성서가 요구하는 신앙의 한 조목일뿐만 아니라 또한 이성의 명령이기도 하다는 것을 보여줄 수 있다면, 그리스도인들은 저 새로운 도전자들에 대해 승리를 거둘 수 있을 것이다. 아울러 그들은 자기들의 주장이 단순한 "믿음" 이상의 것임을 보여줄 수 있을 것이다. 그리스도교 교리는 이성에 의해서 명령되는 "진리"가 될 것이다. 그것은 도도한 전략이다. 결국 그리스도교가 참되다면, 이성은 그리스도교의 진실성을 입증할 것이다. 그러나 당시 그리스도교에서 그리스도교가 진리를 보유하고 있다는 것을 의심하는 사람은 거의 없었다. 최소한 토마스 아퀴나스라고 불리는 이탈리아의 한 젊은이만큼은 그러하였다. 이 "사실"에 대하여 문외한들을 설득하는 길을 찾는 것이 요구되었다.

바로 이 지점에서 토마스가 무대에 등장한다.

토마스 아퀴나스(Thomas de Aquino)는 1225년 경 로마와 나폴리 사이에 있는 작은 마을인 아퀴노(Aquino)에서 태어났다. (흥미로운 사실은 '아퀴나스'가 그의 성씨가 아니라 출생지를 가리킨다는 점이다. 그는 좀더 정확하게는 '아퀴노의 토마스'라고 불려야 할 것이다. 좋다. 그러나 이 사실은 친구들과 가족들에게 '실제로' 그리 깊은 인상을 주지 못할 것이다.) 중산층 공직자의 7형제 가운데 막내인 토마스는 다섯 살에 '헌납자'(oblatus)로서 베네딕토회 수도원에 보내졌다. 일종의 견습 수사[우리 식으로 말하자면 '동자승']였다. 그 당시 많은 가정에서 맏이는 집과 재산을 물려받았고, 그 다음의 중간 형제들은 군에 복무하였으며, 막내는 사제나 수사가 되었다. (상상할 수 있듯이, 이것은 때로는 문제가 많은 체제였음이 드러날 수도 있다. 훈족의 아틸라(Attila)도 막

내가 아니었던가? 훈족들은 비루한 수도자들을 만든다.) 아퀴나스에게 그 적합성은 완벽히 들어맞았다. 그는 정신의 삶으로 나아갔고(추정컨대, 곧 신학의 요점들을 자기 스승들에게 설명하기도 하였으며), 14살에는 나폴리 대학에서 자유학예(liberal arts)[2]를 공부하고 있었다. 여기서 이 젊은 아퀴나스는 위대한 그리스 철학자 아리스토텔레스(Aristoteles, BC 384-322)의 작품들을 처음으로 접할 수 있었다. 아리스토텔레스는 모르긴 몰라도 아퀴나스의 사상 형성에 가장 큰 영향을 미친 철학자였다. 아퀴나스가 얼마나 아리스토텔레스에게, 혹은 적어도 아리스토텔레스의 사상들이 존속하는 데 기여했는지는 제대로 평가되지 못하고 있는 실정이다.

여러 세기에 걸쳐 아리스토텔레스의 작품들은 교회로부터 위험하다는 딱지가 붙어 있었고 전반적으로 억압되었으며 심지어는 파괴되기도 했다. 1,000년 경에는 아리스토텔레스의 위대한

---

2. (*역자주): '자유 학예'(artes liberales)는 로마 제국 시대부터 12세기 초에 최초로 '대학'(studium generale sive universitas)이라는 제도가 생겨나기 전까지 오랜 시기 동안 서구 세계에서 '철학'(philosophia)을 연구하기 위한 준비과정 교육으로 시행되어 온 "일반 교육" 또는 공통 교육을 가리키는 명칭이다. 그 기원은 고대 그리스의 교육 전통이다. 기원전 8세기부터 그리스의 교육은 '체육'(gymnastica)과 '음악'(musica)을 기초로 이루어졌는데, 음악은 '문법'(grammatica)이라고도 불리면서 음악뿐만 아니라 '문학'(litteratura)도 포함하고 있었다. 기원전 5세기 즈음부터는 문학 속에 (소피스트들의 영향으로) '수사학'(rhetorica)과 (특히 프로타고라스의 영향으로) 토론 기술인 '변증법'(dialectica)이 포함되었고, 피타고라스 학파에서는 '음악' 외에도 '산수'(arithmetica), '기하학'(geometria), '천문학'(astronomia)을 강조하였다. 이런 교육 전통을 물려 받은 로마제국에서는 이 일곱 가지 과목을 두 부류로 분류하여, 문법, 수사학, 변증법(논리학)을 묶어 '삼학'(三學, trivium)이라 부르고, 산수, 기하학, 음악, 천문학을 묶어 '4과'(四科, quadrivium)라고 불렀다. 오늘날로 치면 '문과'(文科)와 '이과'(理科)를 포함하는 고등학교까지의 공통 교육과정인 셈이다. Cf. B. M. Ashley, "Liberal Arts", in *New Catholic Encyclopedia*, 2nd ed., Washington, The Catholic University of America Press, 2003, vol.8, pp.536-539.

작품들 가운데 일부는 유럽에서 완전히 사라져 버렸다. (아리스토텔레스의 작품들에 대한 중세 교회의 반대에 대한 가상의 설명을 보기 위해서는 움베르토 에코[Umberto Eco]의 『장미의 이름』(*Il Nome della Rosa*)이라는 제목의 소설이나 그 소설을 영화화한 숀 코네리[Sean Connery] 주연의 영화를 보라.) 십자군들이 성지에서 이슬람 도서관들을 약탈하여 가지고 온 보따리에는 아랍어로 번역된 아리스토텔레스의 작품들에 대한 사본들도 들어 있었다. 그것은 여러 세기 동안 이슬람 학자들이 읽고 토론하고 보존해온 것들이다. 아리스토텔레스의 『정치학』(*Politica*), 『윤리학』(*Ethica*), 『형이상학』(*Metaphystca*)은 온전히 또는 부분적으로 보존되었는데, 그것은 이슬람 세계가 유럽의 암흑기 전반에 걸쳐 그것들을 보호하였기 때문이다.

그리고 또 아퀴나스 때문이기도 하다. 왜냐하면 비록 아리스토텔레스의 작품들이 십자군들을 통해 그리스도인들에 의해서 재발견되기는 하였지만, 그것들은 아직도 공식적으로는 교회에 의해서 위험한 작품들로 판단되고 있었기 때문이다. 아리스토텔레스의 신 또는 신들은 성서에서 말하고 있는 하느님인 것으로 보이지 않았다. 때때로 아리스토텔레스는 세상이 영원하다는 사상을 함축하고 있기도 하였다. 그것은 당연히 창세기에서 묘사된 창조에 대한 성서적 설명과 모순되었다. 아퀴나스의 위대한 기여들 가운데 하나는 궁극적으로 "이방인"인 아리스토텔레스의 논거들이 얼마나 하느님의 존재에 관한 신념과 같은 중심적인 그리스도교 신념들을 지지하는 데 이바지할 수 있는지를 보여준 것이었다. 그러나 이 점에 대해서는 나중에 더 이야기

할 기회가 있을 것이다.

나폴리 대학을 이수한 다음에 아퀴나스는 '도미니코회원들'(Dominicanes)이라고 알려진 수도회에 입회하였다. 그의 가족은 이 선택을 달가워하지 않았다. 도미니코회원들은 불과 몇 년 전에 도미니쿠스(Dominicus)라는 이름을 가진 한 스페인인에 의해서 창설된 그리스도교 수도 조직이었다. 토마스의 부모가 그를 위해 선택했던 베네딕토회 수사들은 전통, 재산, 특전 등을 누리고 있었지만, 도미니코회 수사들은 그들의 절대적인 청빈(淸貧) 서약으로 가장 잘 알려져 있었다. 각 수사들은 어떤 것도 사적으로 소유할 수 없었고, 매일같이 설교하고 생계를 위해 사람들에게 음식을 구걸해야만 했다. 도미니코회원들은 또한 학문과 교양을 강조하였다. 아퀴나스가, 정신이 하느님께 도달하는 길로서 높이 평가되는 이 단순한 삶에 매료되었을 때, 선량한 중산층인 그의 가족은 자기 가족의 일원이 거리에 나가 음식을 구걸할 것이라는 말에 기겁을 하였다. 그것은 그냥 적합하지 않았다. 그의 가족들은 아퀴나스가 13세기의 광신적 종교집단(cult)에 가담한 것이라고 생각하였다. 그들은 그가 잘못 빠져들어간 구렁텅이로부터 그의 신념을 버리게 할(deprogram) 필요가 있었다.

아퀴나스의 두 형이 어느 날 밤에 그를 납치하여 그로 하여금 도미니코회를 버리도록 설득하려고 하였다. 전설에 따르면, 그 형들은 불량소녀를 데려와 아퀴나스와 그녀를 한 방에 가두었다. 형들의 계획은, 만일 아퀴나스가 그의 독신서약을 깨려는 유혹에 굴복한다면, 토마스는 수도회를 떠나야만 하거나, 어쩌면 그 자신이 떠나기를 원하게 될 수도 있는 일이었다. 아퀴나스의 중세 전기삭가인 베르나르도 기(Bernardo Gui)는 이렇게 쓰고 있다. "그래서 사랑스럽지만 부끄럼을 모르는 소녀, 말하자면 사람 모습을 띤 독사가 음란한 속삭임과 접촉으로 토마스의 동

정을 더럽히기 위해 그가 갇혀 있던 방으로 들여보내졌다."[3] 우리가 확실하게 말할 수 있는 것은 귀가 페미니스트가 아니었다는 사실이다. 우리는 또한 확실하게 아퀴나스가 그 유혹에 저항하였다고 말할 수 있다.(결국, 그는 '성'[聖] 토마스 아퀴나스인 것이다.) 이 이야기는 계속된다. 아퀴나스는 불붙은 장작을 벽난로에서 끄집어내어(여기서 "불타는 장작"은 완곡어법이 아니다. 당신의 정신을 수렁에서 끌어올려야 한다!) 저녁 내내 그 소녀의 도발들을 막아냈다. 그런 다음 그는 연기 나는 장작으로 벽에 십자가를 그었고(이것은 거의 소설처럼 들리기 시작한다), 바닥에 쓰러져 울며 하느님께 "영원한 동정의 선물을 허락해 주시기"를 청했다. 아퀴나스의 바람은 명백하게 허용되었다. 대부분의 역사적 설명에 따르면, 아퀴나스는 그날 밤에, 그리고 그 언제라도, 성(性)에 말려든 적이 없다. 귀는 그것을 좀더 멋지게 표현하고 있다. "그때 이후로 그는 사람이 뱀을 피하듯이, 필요하거나 유익

---

3. Bernard Gui, "Life of St. Thomas Aquinas", in *The Life of Saint Thomas Aquinas*, ed. Kenelm Foster, Baltimore, Helicon Press, 1959, p.30.

한 경우가 아니라면, 여자를 따로 만나거나 자리를 함께 하는 것을 피하는 것이 관례가 되었다."4)

다른 어떤 사상가보다도 더 성(性)에 관한 서구의 관점들을 형성하는 데 크게 기여한 아퀴나스가(우리는 정확히 어떻게 그러한지를 나중에 제6장에 가서 보게 될 것이다) 평생 독신으로 남아 있었다는 사실에는 일말의 역설이 자리잡고 있다. 아퀴나스가 1323년 성인품에 오르게 되었을 때, 교황 요한 22세는 시성(諡聖)을 위해 요구되는 기적들을 지적하는 데 얼마간 어려움을 겪고 있었다. 아퀴나스와 같은 학자의 비교적 단조로운(즉, '따분한') 생활 속에서 기적적인 사건들을 찾는 데 다소 실망해서, 교황은 아퀴나스의 기적들 가운데 하나로 저 불타는 장작개비를 지목하였다.5)

아퀴나스의 생애의 나머지는 비교적 이렇다 할 흥미로운 사건이 없는 평범한 것이었다. 그는 책을 읽고, 글을 쓰고, 밥을 먹었다. 실상 그는 이 세 가지를 대단히 많이 했다. 그의 동료 수사들은 추정컨대 아퀴나스를 두고 "벙어리 황소"(Dumb Ox)라고 불렀던 것 같다. 여기서 "벙어리"는 그의 조용한 품행을 가리켰다. "황소"는 그의 체중을 두고 놀려대는 별명이다. 아퀴나스는 어떤 역사적 설명들에 대한 광범위한 욕구를 가지고 있었다.(비록 다른 이들은 그 주장을 배격하지만 말이다.) 이야기에 의하면, 그의 동료 수사들은 그를 위해 반원형으로 파인 특수한 탁자를 만들어서 그의 큼직한 몸통이 쉽게 탁자 위에서 작업할 수 있도

---

4. 재인용: Anthony Kenny, *Aquinas* (New York, Hill & Wang, 1980, p.2.
5. 오늘날 시행되고 있는 것과 같이 어느 개인의 성덕을 공개적으로 선포하는 시성식 절차는, 아퀴나스 이후 여러 세기가 지나도록 아직 확립되지 않았다. 아퀴나스에 대한 1319년의 시성 조사의 세부 사항들은 위에서 언급한 포스터의 책에서 찾아볼 수 있다: Foster, K.(ed.), *Life of Saint Thomas Aquinas*, op. cit., pp.82-126. Cf. Kenny, *Aquinas*, p.2(=국역본: 서병창 옮김, 『아퀴나스』, 16쪽).

록 해주었다고 한다.

그러나 아퀴나스의 지성적 욕구는 그보다 더 컸다. 거의 모든 역사적 설명에 따르면, 그는 대단히 명민하였다고 한다. 성 안토니누스는 아퀴나스가 "자신이 읽은 것을 모두 다 기억했고, 그래서 그의 정신은 거대한 도서관과 같았다"고 말했다. 그리고 자신이 받은 은총들 가운데 어떤 은총이 가장 위대하냐는 질문을 받았을 때, 아퀴나스는 "나는 내가 읽은 것은 무엇이든 다 이해할 수 있었던 은총이라고 생각한다"고 대답했다고 한다.[6] 그의 믿을 수 없는 작품인 『신학대전』(Summa Theologiae)은(이것은 거칠게 번역하자면 '신학의 요약'이다) 200만 자 이상의 단어로 구성되어 있고, 일찍이 있었던 체계적인 철학적 작품들 가운데 가장 위대하고 가장 긴 작품들 가운데 하나이다. 자신의 백과사전적 정신을 잘 활용하여 아퀴나스는 성경, 아리스토텔레스(Aristoteles)(아퀴나스는 일관되게 그를 단순히 '철학자'라고 부르고 있다), 아우구스티누스(Augustinus), 히에로니무스(Hieronymus)와 다른 초기 그리스도교 사상가들, 위대한 유다인 철학자 마이모니데스(Maimonides), 아베로에스(Averroes)와 아비첸나(Avicenna)와 같은 이슬람 철학자들, 그리고 다른 무수한 사상가들을 통합하였다. 만일 그리스도교가, 스스로 주장하듯이, 보편적 진리를 지니고 있는 보편적 교회라면, 그것은 토론의 대상을 그리스도인들로 한정해서는 안 된다. 그것은 유다교, 이슬람교, 그리고 이교도들의 위대한 정신들의 가르침을 경청해야 한다. 그것은 언제 어디에서나 만나게 되는 현자들로부터 배워야 한다. 그리스

---

6. 이런 보고(그리고 아퀴나스에 관한 다른 많은 흥미있는 정보들)에 관한 세부 사항들을 보기 위해서는 노트르담 대학의 '자크 마리탱 센터'(Jacques Maritain Center)의 웹사이트를 확인해 보는 것이 좋을 것이다: www.nd.edu/Departments/Maritain,

도교의 역사에서 아퀴나스의 새로움은 그가 바로 이 점을 수행하였다는 사실이다.

글을 쓰지 않거나 혹은 식사중이 아닐 때에 아퀴나스는 설교를 하였고, 새로 창립되어 번창일로에 있던 파리 대학에서 가르쳤다. 그의 강독(lectio)들은 새벽 6시에 시작하였고, 수강생은 많았다고 한다.(모든 6시 강좌들은 분명히 수업료를 받았다.) 이것은 현재의 우리 시대와는 참으로 매우 달랐다는 또 하나의 지표이다.

그가 겨우 49세의 나이로 죽기 불과 몇 달 전에 아퀴나스는 어떤 신비스러운 경험을 하게 되었다. 일부 역사가들은 그것이 하나의 신비(神秘) 체험, [곧] 하느님과의 만남이었다고 주장한다. 다른 이들은 그것이 하나의 쇼크였다고 말한다. 한 가지 설명에 따르면, 이 사건이 있은 다음에, 아퀴나스는 "나의 모든 업적은 기껏 지푸라기에 불과해."라고 말했다고 한다. 세밀한 진상이 어떠하든지 간에, 아퀴나스는 그 시점에 그가 지상에서 가장 사랑하던 것, 곧 글쓰기를 포기하였고, 그래서 그 방대한 『신학대전』을 완성

하지 못했다. 그리고 그는 이듬해인 1274년 봄에 영면하였다.

오늘날 그리스도교의 인물들 가운데 가장 정통적인 신학자로서의 아퀴나스의 지위를 전제할 때, 아퀴나스가 죽은 지 3년 만에 파리의 대주교 에티엔 텅피에(Etienne Tempier)가 "급진적 아리스토텔레스주의(radical Aristotelianism)자들"의 모든 작품들에 대한 독서와 유포를 금지시켰고, 그 결과로 아퀴나스의 가르침들이 이단적(異端的)인 것으로 단죄되었다는 사실에 매우 놀랄 것이다. 이 시대에는 아직 책을 불태우는 관행은 없었지만, 아퀴나스가 이교도 아리스토텔레스의 논술을 선호하고 이성(理性)에 의존해서 작업한다는 사실은 그리스도인들에게 위협이 된다는 판단을 받았다. 텅피에의 고발은 캔터베리의 대주교에 의해서 재확인되었다. 토마스의 가르침은, 실천적인 목적에서 단죄되었던 것이다.

물론 이것은 바뀌어야 한다. 그리스도교 사상들에 대한 아퀴나스의 멋진(magnificent) 이성적 옹호와 명료화는 단적으로 바깥으로부터의 새로운 도전들에 직면한 교회에 너무도 유용하게 되었다. 아퀴나스 자신이 경고한 것처럼, "이슬람 교도들과 이교도들은 성경의 권위를 받아들이는 우리에게 동의하지 않기 때문에, 우리는 그들을 논박하는 데 있어서 이성을 활용해야 할 것이다. 그것은 유다인들과 논쟁을 벌일 때에는 구약성경에 호소하고, 이단자들을 거슬러 논쟁을 벌일 때에는 신약성경에 호소하는 것과 같다. 이 백성은 두 가지 가운데 어느 것도 받아들이지 않는다. 이리하여 우리는 모든 사람이 다 동의하도록 강요되는 자연 이성에 호소해야 한다."[7] 이슬람의 부상과 함께, 그리

---

7. 재인용: Kenny, *Aquinas*, p.6(국역본: 서병창 옮김, 25쪽). 비-유다인들과 비-그리스도인들의 논거들에 대한 토론 전체를 보기 위해서는 아퀴나스 자신의 『대이교도대전』(*Summa contra Gentiles*)을 보라. 인용문: 『대이교도

고 다른 새로운 도전자들의 성장과 더불어, 그리스도교는 아퀴나스를 '필요로 하게 되었다.' 아퀴나스의 지성은 대단히 높은 차원에 있어서, 그리고 그의 작품은 그토록 도전적이고 복잡해서, 아퀴나스의 사상들이 교회에 위협이 되기보다는 그 변호를 대변한다는 사실을 그리스도교 독자들이 깨닫는 데에는 얼마간의 시간이 필요했다. 그리고 마침내 그 변화가 왔을 때, 그것은 극적인 것이었다.

 1323년, 파리에서의 금지령이 있은 지 불과 몇 년 만에, 그리고 아퀴나스가 죽은 지 반세기쯤 지난 뒤에, 교회는 아퀴나스를 성인으로 추대하려는 노력을 시작하였다. 그것은 쉽지 않았다. 아퀴나스가 겪은 저 정숙하지 못한 여인과의 밤 일화의 기적적인 성격을 허용한다고 하더라도, 아퀴나스의 단조로운 삶에서 다른 기적들을 발견해야 하는 문제가 남아 있었다. 또 하나의 기적을 발견하기 위해서 교회는 아퀴나스의 위대한 속세적 사랑,

『대전』제1권, 제2장, n.11(신창석 옮김, 분도출판사, 2015), 107쪽.

곧 먹는 것의 기적으로 향했다.

　그의 죽음 직전에, 중병에 걸려 몸져 누워있던 아퀴나스는 어느 날, 저녁 식사로 무엇을 먹고 싶으냐는 간호인의 물음에, "청어"라고 답하였다고 한다. 간호사는 마음이 찢어지는 것 같았다. 왜냐하면 죽어가는 사람의 소원을 들어줄 수 없을 것 같았기 때문이다. 때는 여름[8]이었고, 청어는 잡힐 리가 없었다. 그래도 간호사는 시장엘 나갔는데, 마침 고기잡이 배 한 척이 막 들어오고 있었다. 그런데 아무런 기대도 하지 않은 채 무엇이 잡혔나 넘겨다 보았더니, 이것이 어인 일이란 말인가? 갑판에는 오로지 청어만 쌓여 있는 것이 아닌가?! 이렇게 두 번째의, 추정컨대 좀더 감동적인 기적이 마침내 발견되었다. 아퀴나스는 '성'(聖) 토마스가 될 것이고, 결국 미국 주일학교의 반수 이상은 그의 이름을 가지게 될 것이다. (다만 잊지 말아야 할 것: 만일 당신이 언젠가 성인이 될 것을 희망하고 있다면, 다음 번에는 당신이 사는 구역의 '바닷가재 식당'을 방문하여 현명하게 주문해야 할 것이다: 왜 청어를 시도하지 않는가?)

　어떤 그리스도인들은, 인용하기에 훨씬 더 적절한 기적은 아퀴나스의 사상과 저술들이었다고 말했다. 서구 역사 전체를 훑어보더라도 아퀴나스보다 더 빛나는 정신은 거의 없다. 1800년대 후반에 교황 레오 13세(Leo XIII)는 토마스의 사상을 로마 가톨릭 교회의 공식 신학이라고 선언하였다. 교황과 공의회들이

---

8. (*역자주) '여름'이라고 한 것은 저자의 분명한 착각이다. 토마스가 위중한 상태로 포사노바(Fossanova)의 시토회 수도원에 머문 것은 1274년 (사순절이 막 시작된 때여서) 2월 14일 이후부터 선종하게 되는 3월 7일까지의 대약 3주간이고, 이 청어(herring) 에피소드 또는 기적이 일어난 것은 그 초기인 2월 중순인데, 2월 중순이라면 '여름'이 아니라, 마땅히 '겨울'이라고 해야 한다.(제임스 와이스헤이플, 『토마스 아퀴나스 수사』, 495-496쪽 참조)

특히 어떤 입장을 선포하지 않은 모든 쟁점들에 관하여 가톨릭 신앙인은 아퀴나스의 가르침을 참조하라는 말을 듣게 된다. 성 토마스의 저술들은 가톨릭 정통 교리의 정의(定義) 자체라고, 모든 가톨릭 신앙인들에게 가르쳤다. 모든 세부 사항에 있어서는 아니더라도, 그 "실체"에 있어서는 그러한 것이다. 레오 교황은 주교들로 하여금 "토마스의 주옥같은 지혜를 복원하고, 그것을 가톨릭 신앙의 변호와 아름다움을 위해, 사회의 선익을 위해, 모든 학문들의 진보를 위해, 멀리 그리고 넓게 퍼뜨릴 것"을 독려하였다.[9] 1879년 레오 교황이 선포한 가톨릭의 훈령은 오늘날까지도 유효하다. 실상 그것은 최근에 교황 요한 바오로 2세의 회칙 『신앙과 이성』(Fides et Ratio)에 의해서 강력하게 재확인되었다.[10]

당신이 가톨릭이든 아니든, 혹은 그리스도인이든 아니든, 아퀴나스는 당신이 그 안에 살고 있는 생활, 당신이 견지하고 있는 사상, 그리고 당신이 수행하고 있는 활동들을 형성하였다. 그는 우리가 사고에 관하여 생각하는 방식을 바꾸었고, 지성적 추구들을 어쩌면 다른 그 누구보다도 더 존경할 만하고, 심지어 신적인 것으로 만드는 데 기여하였다.

그리고 생각하는 것은 온통 불타는 장작과 더불어 시작되었다.

아퀴나스의 사상에 대한 우리의 탐색을, 신앙과 이성 사이에 그가 제언한 저 유명한 '타협'(일종의 사격 중지 명령)을 살펴보는 것에서부터 시작하기로 하자.

---

9. 레오 13세의 회칙 「영원하신 아버지」(Aeternt Patris, 1879), 34항.
10. 요한 바오로 2세, 『신앙과 이성』, 이재룡 옮김, 한국천주교중앙협의회, 1999(여기에 레오 13세 교황의 「영원하신 아버지」 회칙도 '부록'으로 실려 있다).

2. 인간, 천사, 하느님

아퀴나스가 서구 사고에 기여한 가장 위대한 것은 어쩌면 (가장 혁명적인 사상들이 언제나 그렇듯이) 그의 지극히 단순한 '신앙과 이성은 서로 적대적일 필요가 없다'는 통찰이다. 진리에 이르는 수단으로서 이성을 억압하기는커녕, 이성이 믿음의 경험에 장애가 된다고 주장하기는커녕, 오히려 그리스도인은 이성을 포용해야 한다. 실상 아퀴나스는 그 둘이 서로 공생하는 관계라고 가르쳤다.

'이성은 신앙을 필요로 한다.' 왜? 첫째, 예컨대 이성을 하느님이 존재한다는 것을 증명하는 데 사용하는 것은 시간을 필요로 하는 골치아픈 일이다. 많은 사람들에게는 이 가운데 한 가지 또는 두 가지가 다 없다. (아퀴나스는 이름들을 들먹이지 않을 정도로 정중하고 또 외교적이었다.) 많은 사람들은 이떤 문제에 관하여 그 요점을 이성적으로 입증하려 들기보다는, 성경을 찾아보거나 본당 사제에게 가서 물어보는 것으로 쉽게 해결하려고 한다. 둘째, 우주에 관해서는 이성으로는 결코 발견할 수 없는 몇몇 진리들이 있다. 예컨대, 삼위일체 교리는 이성의 이해 범위를 벗어난다고 생각하였다. (그는 그 주제에 관하여 많은 현대 그리스도인들로부터 어떤 논거를 얻으려고 하지 않을 것이다.) 그것은 하느님에 의해서 "계시되었고" 순수하게 신앙의 한 조목(믿을 교리)으로 받아들여야 한다. 물리 세계가 영원하다는 매우 비그리스도교적인 주장을 만들려는 연결고리(hook, 올가미)를 아리스토텔레스에게서 떼어내려는, 지나치게 정교하지 않은 시도에서, 아퀴나스는 지구가 계시에 의해서만 알려지는 진리의 두 번째 사례로 창조되었다는 신념(belief)을 인용한다. 이성은 어떻게 그리고 언제 지구가 생기게 되었는지를 결정적으로 증명할 수 없기 때문에, 아리스토텔레스는 그 쟁점에 대한 자신의 견해를 단순하게 언급하고 있었다. 이리하여 아리스토텔레스의 철학 체계가 인간으로 하여금 창조에 대한 창세기의 설명을 반대하고 지구가 그 어떤 기원도 가지고 있지 않았다는 것을 받아들이라고 합리적으로 요구하지 않는다고, 아퀴나스는 지적한다. 그래서 아퀴나스는 제대로 처신하는 개개인에게는 신앙이 결정적이라고 말해준다.[11]

---

11. Cf. Thomas Aquinas, *Exposition on Boethius on the Trinity*, q.3. a.1, c., and Summa Theologiae, I, q.46, a.2. 이 두 전거들은 모두 부르크가 편집한 다음 작품에서 찾아볼 수 있다: Vernon Bourke(ed.), *The Pocket Aquinas*, New York, Washington Square Press, 1960, pp.284-288. 아퀴나스의 작품들에 대한 훌륭한 영어 번역본들이 여럿 있다. 이 책에서 나는 아퀴나스의 전거 표시 뒤에, (독자가 어떤 번역본을 사용하고 있더라도, 해당 부분을 찾아볼 수 있도록) 개별 번역서들의 페이지 번호를 덧붙일 것이다. 특히 『대전』은 너무도 방대한 작품이어서, 때로는 그 안의 어느 특정 부분을 지적하는 것이 어려울 때가 많다. 그것은 크게 세 부(部)로 구분되어, 로마자 I, II, III으로 표시되고 제1부, 제2부, 제3부라고 부른다. 그런데 (작품 분량의 절반 이상을 차지하는) 제2부는 아직도 너무 길어서 또 다시 두 부분으로 구분되

사실상의 문제로서, 만일 사람이 눈에 보이는 것들과 보이지 않는 것들을 모두 완전하게 알 수 있었더라면, 우리가 보지 못하는 것들을 믿는 것은 어리석은 일이었을 것이다. 그렇지만 우리의 인식은 너무도 불완전하여 일찍이 그 어떤 철학자도 파리 한 마리의 본성에 대해서조차 완벽하게 조사를 행할 수 있었던 적이 없었다. 우리는 어느 특정 철학자가 30년을 고독 속에서 보냈고, 어느 꿀벌의 본성을 연구할 수 있었다는 이야기를 듣는다. 만일 우리의 지성이 그토록 연약하다면, 인간이 스스로 알 수 있는 것보다 신에 관해 어떤 것을 믿기를 거부하는 것이 더 어리석지 않은가?[12]

여기까지는 심지어 전통주의자인 베르나르두스조차도 아퀴나스의 논거에 아무런 문제도 제기하지 않을 것이다.

그러나 아퀴나스는 더 나아가, 아벨라르두스 편에 서서, 베르나르두스에 반대하여, 그 정반대, 곧 '신앙이 이성을 요구한다'는 주장도 또한 참이라는 논거를 편다. '어떻게 그럴 수 있는가?'를 이해하기 위해서는 아퀴나스가 인간 존재자를 어떻게 묘사하고 있는지를 파악해야 한다.

아퀴나스에게 인간 존재자들은 독특하여, 얼마간은 동물들을 닮았고, 또 얼마간은 천사들을 닮았지만, 그 어느 쪽과도 동일하지 않다.

동물들은 순전히 감각적인 방식으로 새로운 정보를 얻는다. 예컨대, 당신의 개가 자기가 좋아하는 음식이 부엌의 찬장 속에

어 I-II와 II-II로 표기되고, 제2부 제1편과 제2부 제2편이라고 부른다. 나는 제10장에서 아퀴나스와 『대전』을 읽는 몇 가지 도움말을 제시할 것이다.
12. Thomas Aquinas, "Sermon on the Creed", in Bourke(ed.), *Pocket Aquinas*, pp.285-286.

보관되어 있다는 것을 안다면, 그것은 그 개가 거기에서 음식의 '냄새를' 맡았고, 또 당신이 그 찬장을 열고 그것을 그 안에 두는 것을 '보았기' 때문이다. 그 개의 감각들은 단지 그리고 오로지 새로운 정보를 얻기 위한 수단일 뿐이다.

천사들은 사물들을 이런 식으로 배울 수 없다고, 아퀴나스는 말한다. 왜 그런가? 천사들은 아무런 육체도, 살도 가지고 있지 않다. 아퀴나스의 용어를 사용하자면 천사들은 "비육체적"(noncorporal)이다. 따라서 그들은 볼 눈도 없고, 냄새를 맡을 코도 없다. 하지만 천사들은 분명히 개들보다 더 영리하다. (글쎄, …) 그렇다면 천사들은 어떻게 배운단 말인가? 그것은 감각들을 통해서가 아니라 지성을 통해서라고, 아퀴나스는 대답한다.

지성은 진리들을 직관적으로 알고, 사물들을 감각적인 방식으로가 아니라 직접적인 지성적 차원에서 경험할 수 있는 역량이다. 이것은 과학에 의해서 거의 배타적으로 우리의 감각들에 의존하라고 훈련을 받은 우리 현대인에게는 이상한 개념이다. 한 천사가 지성을 통해서 아는 것은 인간 존재자가 예컨대 자신

이 사랑에 빠졌음을 깨닫는 방식과 다소 비슷하다. 그가 경험하고 있는 사랑은 그가 보거나 냄새를 맡거나 심지어 느낄 수 있는 것이 아니다. 적어도 경험적인 의미에서 느끼거나 만질 수 있는 것이 아닌 것이다. (내가 지금 여기서 그의 사랑의 '대상'이 아니라 그 사랑 자체에 관해서 말하고 있다는 점을 놓치지 말기 바란다.) 그는 자신이 훨씬 더 직접적이고 모든 것을 포괄하는 방식으로 사랑에 빠져 있음을 알고 있다. 아퀴나스에게는 그것이 바로 천사가 지성을 통해 자신이 포착하는 '모든 것'을 알고 경험하는 방식이다. 예컨대, 천사들은 하느님을 '보지' 못하지만(왜냐하면 그들은 물리적인 눈을 가지고 있지 않고, 하느님은 물리적 존재자가 아니기 때문이다), 그럼에도 불구하고 그들은 하느님을 직접 경험함으로써 그분이 존재한다는 것을 알고 있다. 천사들은 이처럼 '형이상학적' 진리들을 인식하는 데 뛰어나다. 글자 그대로 이것들은 물리적 영역 '다음에' 또는 그것을 '넘어' 있는 진리들이다. (나는 제4장에 가서 형이상학에 관하여 좀더 이야기할 것이다.) 그들의 지성적 구성은 비물리적 존재자들을 인식하는 데 완전하게 적합하다. 천사들은 개가 할 수 있는 것보다 더 잘 하느님을 인식하거나 사랑할 수 있다. 하지만 그들은 '저 탁자는 붉다'라거나 '그의 목소리는 우렁차다'와 같은 단순한 물리적 사실들을 인식하는 데 더 큰 어려움을 겪는다. 아퀴나스의 한 해석자는 토마스의 도식에서 천사들을 위대한 형이상학자들로 만들지만, 또한 동시에 형편없는 자연학자들로 만든다고 말하고 있다.[13] 그들은 단순하고 경험적인 정보를 입수할 수단이 없기에, 따라서 물리적 질병(우환)들을 진단하기 위해서라면 의존해서는

---

13. Etienne Gilson, "Can the Existence of God Still Be Demonstrated?", in *The McAuley Lectures*, West Hartford(Conn.), Saint Joseph College, 1960, pp.1-14.

안 된다.

이 모든 것은 인간 존재자들과 어떤 관계가 있는가? 아퀴나스에 따르면, 아주 조금은 관계가 있다. 잘 알려져 있듯이, 인간 존재자는 모든 피조물들 가운데, 감각 수단들과 동시에 지성 둘 다를 통해서 배울 수 있는 역량을 지니고 있는 유일한 피조물이다. 우리는 결과적으로 동물들과 천사들 사이에 중간 지대를 차지하고 있다. 동물들과 마찬가지로 우리는 물리적 육체와 눈, 코, 입, 귀를 가지고 있다. 따라서 우리는, 천사들은 할 수 없지만 개들은 할 수 있는 방식으로, 음식 냄새를 맡고 색깔을 보며 소리를 들을 수 있다. (한 가지 중요한 측면: 인간이 감각적 역량들을 활용하여, 예컨대 "작열하며 빛나는 전구는 언제나 열을 낸다"와 같은 일반적 결론들을 도출하려고 할 때, 아퀴나스에 따르면 인간은 "이성"을 사용한다. 오늘날 우리는 이것을 '귀납' 또는 '경험주의'라고 부를 것이다.) 반면에, 우리는 천사들처럼, 어떤 지성을 통하여 사물들을 직관적으로 그리고 직접적으로 알 수 있다. 하느님을 직접 경험하는, "하느님과 하나가 되는" 신비가는 작동중인 이 인간 지성의 한 예가 될 것이다. 그리고 그 악한 행위에 물리적 처벌이 따르기 때문이 아니라, 선을 행하는 것이 바른 일이기 때문에 자신이 선을 행하고 악을 피해야 한다는 것을 "아는" 사람이 아퀴나스에게는 그런 "지성적" 앎의 두 번째 사례가 될 것이다. "악을 행하는 것은 옳지 않다"와 같은 도덕적 주장은 경험적으로 확립될 수 없다고, 아퀴나스는 논거를 편다. (많은 현대 철학자들은 그들이 논리적으로 "현재"(is)로부터 "당위"(ought)를 연역할 수 없다고 논할 때 이 점에 동의하고 있다. 예컨대, 치아를 뽑는 것이 고통의 원천이기 때문에, 치아를 뽑지 말아야 하는 것은 아니다) "악을 행하는 것은 잘못"이라는 주장은 경험적 증거로는 증명될 수 없다. 그것은 지성에 의해서 알려지거나 직관되는 진리이다.

 아퀴나스에 따르면, 불행히도 우리의 지성은 천사들의 지성보다 훨씬 덜 발전되었다. 천사들과는 달리, 우리 인간은 순수 지성체들이 아니다. 우리는 육체를 지니고 있고, 이 육체로부터 우리 주변의 물리적 세계에 대한 우리의 포착에 부가되는 풍부한 감각적 정보들이 오기도 하고, 또 불행하게도 때로는 형이상학적 세계에 대한 우리의 지성적 이해를 혼란시키기도 한다. (이런 혼란은 조금 뒤에 가서 논의될 인간의 죄에 대한 아퀴나스의 설명에서 핵심적 요소가 될 것이다.) 아퀴나스에게 중요한 점은 인간으로서 우리는 (천사들처럼) "지성"을 갖추고 있고 '동시에' (동물들처럼) "감각"도 갖추고 있는 피조물이라는 점이다. 이것들이 하느님이 우리에게 주신 도구들이다. 그것들을 사용하지 않는다면 우리는 얼마나 어리석을 것인가, 하고 아퀴나스는 논하고 있다.

 이것은 다시 우리를 신앙과 이성이라는 주제로 안내한다. 아퀴나스에 따르면, 하느님은 인간 존재자들이 각기 자신의 지성과 감각/이성 기관들을 통하여 우주를 이해하도록 의도하였다.

이것은 주제가 물리적 질병이나 빛나는 백열전구일 때와 마찬가지로 주제가 하느님일 때에도 마찬가지다. 확실히 우리는 신앙(믿음)을 가질 필요가 있다. 그러나 우리는 또한 세상으로 나가 하느님에 대한 물리적, 감각적 증거들을 찾고 이 증거로부터 종교적 결론들을 향하여 추론할 필요가 있다. 그렇게 하는 데 실패하는 것은 우리의 피조된 본성을 활용하는 데 실패하는 것이고, 그것은 우리로 하여금 하느님이 우리 앞에 펼쳐 놓으신 것의 겨우 일부만을 보도록 내버려 두는 처사이다. 예컨대, 하느님의 존재를 (성경이나 교회가 그렇게 말하기 때문에) 신앙의 조목으로 수용하는 것의 가치가 인정되어야 하지만, 우리가 하느님의 존재를 이성적 수단들을 통하여 확립할 때, 보다 깊은 (또는 적어도 다른) 이해에 이르게 된다. 정확히 우리는 계획상 이성적 피조물이기 때문이다. 아퀴나스에게 있어서, 인간이 자신의 이성적 기관들을 사용하지 않은 채 하느님을 알려고 노력하는 것은 '모나

리자'(Mona Lisa)를, 눈을 감은 채 단순히 자신의 손가락으로 그 그림을 느껴보는 것으로 감상하고자 시도하는 것과 마찬가지일 것이다. 의심의 여지없이, 그림에 손을 대고 붓질을 느껴봄으로써 그는 다 빈치(Leonardo Da Vinci)의 작품에 관하여 '어떤' 중요한 것들을 배울 수 있다. (개인적 경험으로부터의 충고: 루브르에서는 그런 시도를 하지 마시라. 경호원들은 매우 예민해지려는 경향이 있다.) 그러나 그는 단순하게 눈을 뜨고 그의 나이에 맞게 쓸 수 있는 자원들을 모두 활용할 때, 그림에 대한 평가를 훨씬 더 풍부하게 할 수 있다. 결국 이것이 아퀴나스가 자신의 시대에 대해서 요구한 것이다: '눈을 떠라!' '하느님이 당신에게 준 도구들을 사용하라!' 이성과 지성이 바로 그 도구들이다.

그런 논거들을 작업할 때, 아퀴나스는 매우 현대적인 사람처럼 보이고, 또 실제로도 그러하다. 그는 어지간한 현대 그리스도인들에게 지성적 선조처럼 나타난다. 예컨대, 병든 아이를 치유할 현대적 약을 거부하는 신앙-치유 지지자를 거슬러 논하는 주류 그리스도인을 생각해 보자. 하느님이 인간에게 제공한 도구들을 사용하기를 거부하는 것은 신앙의 표지가 아니라 무모함의 극치다. 과학과 약품은 하느님의 계획에 대한 위협이 아니라, 오히려 증거가 된다. 아퀴나스가 말하는 것처럼, "이성에 속하는 것들이 신앙에 속하는 것들에 반대가 된다는 것은 불가능하다." 만일 그 믿음이 "참되다"면, 신앙은 그것을 두려워할 그 어떠한 이유도 없다. 만일 그 신앙이 거짓이라면, 그것은 이성의 명령일 수 없다.[14]

이것들은 단순하지만 강력한 개념들이다. 그것들이 그리스도교 사상의 면모를 어떻게 바꾸었는지를 살펴보기로 하자.

---

14. Aquinas, *Exposition of Boethius*, II, a.3, c.: Bourke(ed.), *Pocket Aquinas*, p.290.

종교 영역에서 아퀴나스가 이성과 지성을 사용한(그리고 이미 내가 시사한 바 있는) 가장 유명한 사례는 그의 하느님 존재 증명이다. 그것들 대부분은 아리스토텔레스로부터 취한 것들이다. 이 증명들은 가끔은 "다섯 가지 길"[五道, 오도]이라고도 불린다. 왜냐하면 아퀴나스가 동일한 논거의 다섯 가지 병행 번안(version)을 제공하고 있기 때문이다. 그 다섯 가지 길 가운데, 아퀴나스가 "운동으로부터의 논증"이라고 부르고 있는 첫 번째 길을 보기로 하자.[15]

모든 증명들에서 아퀴나스는 자신의 논거를 단순하지만 결

---

15. Aquinas, *Summa Theologiae*, I, q.2, a.3: *Introduction to St. Thomas Aquinas*, ed. Anton Pegis, New York, Random House, 1948, pp.22-27.

코 논박될 수 없는 경험적 관찰에서 시작한다. 사물들은 변한다(움직인다). 우리 주변 세계에는 변하는(움직이고 있는) 것들이 있다. 그는 다음으로, 보다 일반적인 경험적 관찰을 끌어내기 위해서 자신의 인간적 이성을 활용한다: "움직여지는 것은 무엇이나 다 어떤 다른 것에 의해서 움직여져야 한다." 우리가 운동(변화)을 볼 때마다, 우리는 그것의 선행(先行) 원인을 추적할 수 있다. 사물들이 그냥 스스로 움직여지는 것이 아니다. 사물들은 움직여져야 한다. 당구대 위의 한 공을 생각해 보자. 만일 그 공이 움직이고 있다면, 당신은 그 운동이 반드시 이전의 어떤 힘에 기인하는 것임을 알고 있다: 큐나 아니면 그것에 부딪치는 또 다른 공, 누군가가 당구대를 들어 표면을 기울임, 한 줄기 거센 바람, '뒷골목소년단'의 노래가 자동전축에서 흘러나올 때 사람들이 당구장을 우루루 떠나며 내는 궤주에 기인하는 진동들 등. 또 다시 아퀴나스는 건전한 과학적 발판 위에 서있으면서 여기서 나중에 (정지 상태에서 움직임이 없는 물체에 관하여) 뉴턴 물리학의 주춧돌이 되는 한 원리를 활용하고 있다.

어떻게 이것이 우리를 하느님께로 인도하는가? 아퀴나스는 다음과 같은 논리를 편다. 만일 우주가 그 안에 운동을 지니고 있다면(그리고 우리는 실제로 그렇다는 것을 알고 있다), 그리고 만일 운동이 언제나 이전의 어떤 원인에 기인하는 것이라면(그리고 우리는 이것 역시 참되다는 것을 알고 있다), 그렇다면 그 운동을 제일 처음 야기한 어떤 것이 있어야 한다. 우리가 그 뒤에 보는 모든 운동의 개시자인 "최초의 기동자(起動者)"(primum movens)이다. 우주 안에 있는 모든 운동을 개시한 이런 '제1 기동자'를 어떻게 부르면 좋단 말인가? 아퀴나스는 거기에 가장 적합한 단어가 바로 "신" 또는 "하느님"이라고 말한다.

아퀴나스 자신이 인정하듯이, 이 증명은 홍해 바다를 가르고,

자신의 아들을 지상에 내려보내며, 기도에 응답하는 '그리스도교적' 하느님의 존재를 확립하는 것이 아니다. 그러나 그 논거는 적어도, 그 자체 이전의 다른 어떤 것에서 기인하는 것이 아니면서 우주 안에 있는 모든 운동과 우주 자체의 운동을 개시한, 어떤 최초의 강력한 존재자의 필요를 확립한다. 이런 최초의 존재자를, "하느님" 이외에 어떤 다른 이름으로 더 잘 부를 수 있단 말인가?

이것은 우아한 철학적 논거이고, 아퀴나스의 다른 네 가지 증명들의 모델이 된다.(이 모든 증명들은 『신학대전』 제1부 제2문 제3절에서 확인할 수 있다.) 그러나 그 논증은 유효한가? 그것은 그

질문이 누구에게 던져지는가에 달려 있다. 중세 전반에 걸쳐서 아퀴나스의 증명들은 하느님의 존재에 대한 결론적 증거로 간주되었다. 그것은 단지 백성들이 하느님을 믿는다는 것이 아니었다(그들이 믿는 것은 확실한 사실이지만 말이다). 사람들은, 그렇게 믿지 '않는' 것은 이성적으로 결핍되어(지성적으로 망가져) 있는 것임에 틀림 없다고 믿었다. 그렇지만 계몽주의가 도래하면서 철학자들은 아퀴나스의 증명의 건전성에 의문을 제기하기 시작하였다. 가장 유명한 비판들 가운데 하나는 위대한 18세기 철학자 임마누엘 칸트(Immanuel Kant, 1724-1804)였다. 그는 신앙심을 지니고 있는 그리스도인이었지만, 그럼에도 불구하고 "최초의 기동자" 논거는 궁극적으로 하나의 논리적 증명으로 전락하고 만다고 주장하였다. 본질적으로 칸트는 아퀴나스가 운동(변화)과 그 원인들에 관한 경험적 관찰에서는 옳았지만, 이 관찰들로부터 최초의 기동자를 설정한 것은 잘못이라고 주장한다. 물리적 영역에서 아퀴나스가(그리고 우리가) 보는 것은 매 순간 어떤 것이 움직이고(변하고) 있다는 것이고, 그것은 어떤 '기동자'를 가지고 있어야 한다는 것이다. 그의 증명의 끄트머리에서 아퀴나스가 결론짓는 것은 어떤 최초의 기동자, 곧 그 자체로 운동을 지니고 있지만, 이전의 어떤 다른 것에 의해서도 움직여지지 않은 신이 있어야 한다는 것이다. 아퀴나스가 내린 결론은 직접적으로, 제일 먼저 그 증명을 산출하는 가장 경험적인 증거, 곧 모든 운동이 원인을 가지고 있다는 경험적 증거와 모순된다고, 칸트는 지적한다. 하느님은 아퀴나스에 의해서 우리가 일찍이 가졌던 모든 운동(변화) 경험에서 벗어나 있는 존재자로 도입된다. 칸트는 묻는다. 이것은 어떻게 합리적으로 정당화될 수 있는가? (칸트의 『순수이성비판』을 보라. 비록 그 작품은 절대로 철학적으로는 정신을 혼미하게 만드는 것은 아니지만.)

다른 철학자들은 아퀴나스를 옹호하고 나섰다. 프랑스 철학자 에티엔 질송(Etienne Gilson, 1884-1978)은 우리의 '감각'과 '이성'은 우리가 최초의 기동자를 설정할 것을 요구하지 않지만, 우리의 '지성'은 요구한다고 지적한다.16) 또 다시 수영장 탁자 유비를 이용하기로 하자. 만일 8번 공이 움직이고 있고, 우리가 무엇이 그것을 움직이게 만드는지를 묻는다면, 우리는 얼마든지 "7번 공"이라는 대답을 받아들일 것이다. 그리고 만일 우리가 그 7번 공을 움직이게 한 것이 무엇인지를 물으면, "6번 공"이라는 답을 듣게 될 것이다. 그러나 어느 때에 가서 그 빈틈없는 심문자는 보다 결정적인 대답을 요구할 것이다. "이봐, 행크(친구), 당구 큐를 가지고 큐볼(백구)을 때리지. 그러면 그것은 6번 공을 치고, 그것이 다시 7번 공을 맞히게 되고, 그러면 그 공이 다시(...)." 참으로 많은 관찰자들이 볼 때, 우리는 행크와 그의 큐에 이르기 전까지는 실제로 왜 그 8번 공이 우선적으로(첫째로) 움직였는지를 설명하지 않았다. 질송은 우리가 8번 공이 움직이는 것을 관찰하고 7번 공이 그 운동의 원인이라고 규정하는(등) 것이 우리의 인간적 능력들의 ("감각적" 또는 "경험적"이라는 의미에서의) "이성적" 측면이라고 지적한다. "만일 우리가 당구 큐를 들고 있는 사람에게 이르게 된다면, 오직 이것만이 그 운동에 대한 설명으로서 의미를 갖는다"고 말하는 것은 (이 장의 앞부분에서 살펴본 바 있는 저 직관적 기관인) 우리의 "지성"이다. 최초의 운동의 어떤 원인이 있어야 한다.

질송은 아퀴나스가 바로 이 논거를 최초의 기동자 증명에서 하고 있다고 생각한다. 위에서 묘사한 예와 같이 운동의 연쇄를 관찰한 다음에, 아퀴나스는 이렇게 말한다. "그러나 이것은 무

---

16. Gilson, "Can the Existence of God", pp.9-10.

어머니 대자연처럼
제1 기동자는 빛나지...

한히 계속될 수 없다. 왜냐하면 [무한히 계속된다면] 최초의 기동자가 없을 것이고, 따라서 다른 어떤 기동자도 없을 것이기 때문이다. 이어지는 기동자들은 오로지 최초의 기동자에 의해서 움직여지는 한에서만 움직인다. 그러므로 다른 어떤 것에 의해서도 움직여지지 않은 어떤 최초의 기동자에 이르게 될 필요가 있다. 그리고 이것을 모든 사람들은 하느님이라고 이해한다."[17](I, 2, 3)

---

17. Aquinas, *Summa Theologiae*, I, q 2, a.3: Pegis, *Introduction to St. Thomas Aquinas*, p.25.(국역본: 정의채 옮김, 『신학대전1』(I, 1-12), 바오로딸, 3판, 2014, 163-165쪽)

아퀴나스는 지나칠 정도로 낙관주의자였다. "그런 최초의 기동자를 '모든 이가' 하느님이라고 이해하는 것은 아니다. 적어도 오늘날의 경우에는. 많은 현대 과학들은 우주 형성 과정을 시작한 '것'(그리고 그 안에 있는 운동)이 단적으로 '자연'이라고 주장한다. 그러나 아퀴나스는 우리를 현대 과학자에게 흥미로운 질문 속에 내버려 둔다: 이런 의미의 '자연'은 종교적 신앙인들의 '하느님'과 어떻게 다른가? 우리는 '하느님'이라는 말로 우선 우주를 생성한 저 힘 이외에 달리 무슨 의미를 갖는가? 아퀴나스의 증명은 또한 우리를, 먼저 빅뱅(Big Bang) 이론에 노출되어 있는 모든 학생들과 함께 그 과학자에게 '예, 그러나 그 빅뱅을 야기한 것은 누구 또는 무엇인가요? 폭발한 그 물질은 처음 어디에서부터 왔을까요?'라고 묻게 놔둔다. 여러분 가운데 '그것은 그냥 그렇게 되었다'라는 대답에 만족하지 못하는 사람들은 아퀴나스의 최초의 기동자 논증에서 호소력 있는 어떤 것을 발견할 것이다. 당신은, 아퀴나스와 마찬가지로, 지성이 어떤 시작 또는 시작을 놓은 자, 말하자면 하늘에서 거대한 당구 큐를 휘두른 어떤 존재가 있어야 할 것을 요구한다고 생각한다.

흥미롭게도 아퀴나스는 이성이 하느님의 존재를 증명할 수 있을 뿐만 아니라, 하느님의 본성에 관해서도 적어도 몇 가지 사항들을 우리에게 말해줄 수 있다고 생각하였다. 예컨대 아퀴나스는 하느님이 모든 면에서 "불변적"이어야 한다고 논했다.(이 점은 제3장에서 논의하게 될 인간의 자유 의지에 관한 우리의 논의에 주요 함축들을 지니고 있다.) 아퀴나스는 어떻게 이런 결론에 도달하게 된 것일까? 성경을 읽어서 그리 된 것은 아니다. 만일 구약성경과 신약성경을 통독하게 된다면, 하느님이 여러 의미 있는 변화들을 겪고 있다고 추측할 수 있을지 모른다. 예컨대 홍수 시대에는 하느님이 인류를 거칠게 판단하였지만, 예수 그리

스도의 십자가 위에서는 인류를 끝없는 용서로 대하고 있다. 아퀴나스는 이 추측이 부정확하다고 지적한다. 하느님은 결코 어떤 식으로도 변한 적이 없다. 이유가 있다. 만일 하느님이 변했다면, (아퀴나스는 말한다) 더 낫게 변했거나, 아니면 더 나쁘게 변했어야 한다. 만일 신이 완전하다면, 그는 더 낫게 변했을 수가 없다. 만일 변했다면, 완전했던 것이 아니었을 것이다. 그는 나쁘게 변했을 수 없다. 만일 그렇게 변했다면, 그는 이제 완전하지 않을 것이다. 그러므로 하느님은 불변적이어야 한다.

 이 논거에는 몇 가지 문제점이 있다.(모든 변화가 더 나아지거나 아니면 더 나빠져야 한다는 것은 참인가? 어떤 변화는, 머리 색깔을 금발에서 거무스름하게 바꾸는 사람의 경우와 마찬가지로, 도덕적으로 중립적일 수는 없었을까?) 그러나 그토록 많은 현대 그리스도인들이 (특히 성경 안에서 반대되는 증거로 간주될 수 있을 법한 것에 직면해서) 하느님이 온전히 불변적이라고 주장한다는 사실은 아퀴나스의 새로운 방법론이 그리스도교의 역사에 미친 심층적인 영향의 증거이다. 이성은 그리스도교로부터 배제되어서는 안 된다. 이성은 하느님이 우리 자신과 우리 주변의 물리적 세계, 그리고 심지어 하느님 자신까지도 이해할 수 있도록 우리에게 갖추어주신 매우 유익한 도구이다. 우리가 하느님에 관하여 알고 말하는 것은 합리적이어야 한다. 하느님이 합리적인 우주의 창조주이시기 때문이다.

이 가정을 일관된 기초 위에서 그리스도교와 접목시키면, 종교는 심층적인 방식으로(그리고 때로는 문제거리로서) 진화할 것이다. 다음 장에서 우리는 어떻게 그것이 가능한지 두 가지 사례를 살펴볼 것이다.

3. 악은 왜 존재하는가?
인간은 자유 의지를 가지고 있는가?
(그리고 다른 질문들은 하지 않는 것이 좋습니다.)

아퀴나스는 가끔 겉보기에 단순한 문제들을 다루는 데 몇 년씩 공을 들이기도 하였다. 이성과 논리적 논거들이 (때로는 교회에 의해서) 억압되던, 이른 바 '암흑시대'의 몇 세기를 거친 뒤, 아퀴나스는 그리스도인들이 심지어 자기들의 가장 기초적인 신념들에 대해서도 이성적으로 이해할 필요가 있다고 믿었다. 그들은 자기들 신앙에 관하여 근본적인 질문들에 직면할 필요가 있었다.

여기서 가장 골치 아픈 문제들 가운데 하나는 '세상에는 왜 악이 있는 것일까?'이다.

아퀴나스의 시대로부터 지금 우리 시대까지 많은 그리스도인들에게 있어서 대답은 아주 단순한 것이다: 사탄(Satan) 때문이다. 하느님께서는 끝도 없이 선한 세상을 만드셨다. 그런데 사탄이 에덴 동산에 있는 하느님의 피조물 속에 들어왔고, 그것을 역사를 통하여 타락시켰다. 물론 아퀴나스는 이 설명을 '참된' 것으로 받아들인다(성경의 모든 내용이 아퀴나스에게는 '참되다.') 그러나 그것이 어떻게 '그럼 직한지'를 보여줄 책무를 스스로 자임한다. 그리스도인들은 어떻게 사탄의 실존을 합리적으로 설명할 수 있는가? 이 과제는 언뜻 드는 생각만큼 쉽사리 해결되지 않는다.

아퀴나스는 다음과 같이 논한다. 만일 하느님이 참으로 전능하시다(omnipotens)면, 분명 하느님은 그렇게 하기로 선택하기만 한다면, 얼마든지 사탄을 제거할 능력을 가지고 있다. 하느님의 능력에 어떤 한계가 있다는 것을 함축하지 않고서는 '하느님은 사탄을 제거할 수 없다'고 말할 수 없다. 만일 하느님이 모든 것을 안다(omnisciens)면, 하느님은 사탄의 하나하나의 모든 활동들에 대해서, 그것이 우리의 시간 도식 속에서 발생하기 전에라도, 알고 있다. 하느님의 인식에 어떤 한계가 있다고 주장하지 않고서는 사탄이 과거에 야기하였고 또 미래에 야기할 끔찍한 고통에 관하여 하느님이 알지 못한다고 말할 수 없다. 만일 하느님이 온전히 선하다면, 그러면 그는 악과 불의가 중지되기를 원해야 한다. 하느님의 선성(善性)을 무너뜨리지 않고서는 하느님이 사탄으로 하여금 창조를 엉망으로 만들기를 바라거나 그렇게 하는 것을 내버려 둔다고 주장할 수 없다.

그렇다면 왜 악은 존속하는 것일까? 전능하고 모든 것을 알며 온전히 선한 하느님이 왜 우선적으로 악을 만들었을까?

이것들은 수많은 세기를 두고 물어온 질문들이고, 아퀴나스는 몇몇 고전 사상가들(특히 고대 그리스 철학자 플라톤[Plato, BC

3. 악은 왜 존재하는가? 인간은 자유 의지를 가지고 있는가? **47**

428-354]과 초기 그리스도교 교부(敎父) 아우구스티누스[Augustinus, 354-430])에게 지도를 청했다.[18]

왜 하느님은 우선적으로 악을 만들었는가? 아퀴나스는 신이 악을 만들지 '않았다'고 응답한다. 하느님은 오직 선만을 만들었

---

18. 악 문제에 관한 아퀴나스의 논고와 몇몇 초기 철학자들과의 연관성을 보기 위해시는. Cf. *Summa Theologiae*, I, q.48: in Pegis, *Introduction to St. Thomas Aquinas*, p.275. 악에 관한 성 토마스의 전반적 입장을 보다 상세히 추적하기 위해서는: 박주영,『악이란 무엇인가: 토마스 아퀴나스 철학에서 악의 문제에 관한 연구』(누멘, 2012) 참조.

다. 악은, 어떤 의미에서는, 전혀 존재하지 않는다. 적어도 그것은 하나의 실체 혹은 사물이 아니다. 그렇다면 악이란 무엇인가? 그것은 다만 '선의 결핍'(privatio boni)일 뿐이다. 다시 말해 어떤 선한 대상으로부터 그 선의 일부가 제거되는 것이다.

여기서 하나의 예가 도움이 될 것이다. 청초롬히 막 피어난 데이지 꽃을 생각해 보자. 그 꽃잎은 하얗고, 그 중심 색깔은 밝은 노랑이며, 그 줄기는 완연한 녹색이다. 아퀴나스는 이 데이지 꽃을 구성하는 "질료"(오늘날 우리는 '분자'라고 말할 것이다)가 전체적으로 선하다고 말할 것이다. 거기에는 어떤 악한 실체도 현존하고 있지 않고, 오직 선만 존재한다.

그런데 며칠 뒤에 다시 그 데이지 꽃을 살펴보니, 꽃잎 몇 개는 끄트머리가 밤색으로 변하기 시작했고, 꽃잎 하나는 아예 떨어져 버렸다. 우리는 얼마든지 그 데이지 꽃이 며칠 전만큼 좋지 못한 상태라고 말할 것이다. 그러나 이렇게 변하게 만든 것이 무

엇이란 말인가? 아퀴나스는 어떤 나쁜 물질이 그 데이지 꽃에 추가된 것이 아니라고 대답한다. 그렇지 않다. 그것을 시들게 만든 원인은 그 데이지 꽃이 절정에 있던 때 지니고 있던 선의 일부의 소실이다.

한 주일쯤 지난 뒤에 다시 와 보았더니, 잎사귀가 모두 떨어져 나갔다. 한때 수액으로 가득 차 싱싱했던 줄기는 시들해지고 밤색으로 변했다. 데이지 꽃의 아름다움은 사라져 버렸다. 그렇지만 아퀴나스는 이 데이지 꽃에 어떠한 나쁜 것도 추가되지 않았다고 다시 한 번 더 지적한다. 오히려 본래의 선한 물질 가운데 좀더 많은 부분이 소실된 것이다. 우리는 어떤 악한 실체를 이 장면 속에 도입하지 않으면서도 완벽한 데이지 꽃에서부터 형편없는 데이지 꽃에 이르렀다. 우리가 관찰한 전말은 이전에 그 꽃을 특징지었던 선의 일부가 지속적이고도 점차적으로 제거된다는 것이다.

아퀴나스의 놀라운 주장은 우리가 인간으로서 악이라고 부르는 '모든 것'이 다 이와 같다는 것이다. 악은 결코 하나의 실재가 아니다. 그것은 전적으로 선한 어떤 실체로부터 선의 일부가 결핍되는 것이다.

여기서 아퀴나스의 목적은 무엇인가? 왜 그는 이 다소 이상한 논거를 도입하는가? 아주 단순한 용어로 말하자면, 그것은 하느님으로 하여금 악을 창조해야 하는 굴레로부터 벗어나게 하는 것이다. 아퀴나스는 이렇게 논한다. 만일 전능한 창조주 하느님이 하늘에 앉아서 악한 물질을 만들고 그것으로 세상을 오염시킨다면, 악 문제는 영영 해결될 수 없다. 만일 만물을 지어낸 단 한 명의 창조주가 있고, 세상에 있는 모든 것은, 데이지 꽃이든 사단이든 모두, 그 바로 창조된 실체에 있어서 악하다면, 그때 그 창조주는 악의 원천임에 틀림이 없다. 다른 합리적 결론이 있을 수 없다.

'마니'(Mani)라고 불리는 3세기 페르시아인의 가르침을 받아들이며 스스로 그리스도인이라 고백하는 이단적인 마니교(Manicheism)도들과 같은 부류의 사람들은 이 도전에 대해, 하느님이 유일한 창조주가 '아니'라고 제안하는 것으로 응수한다. 사탄과 하느님이 공동 창조자라는 것이다. 이때 악은 하나의 실체로서 존재하고, 사탄이 그 원천이다.

그러나 이 관점은 사탄을 하느님과 동등한 지위로 끌어 올린다. 아퀴나스는 이것은 결국 받아들일 수 없는 이론임을 발견하고, 아우구스티누스를 따라 아주 다른 논거를 제시한다. 아퀴나스는 응답한다: "하느님도 사탄도 악을 창조하지 않는다. 세상에 악한 실체란 없다. 오직 선만 있을 뿐이다. 틀림없이, 때로는, 어떤 대상으로부터 선의 일부가 사라지는데, 우리 인간들은 그것을 악이라고 부르려는 경향이 있다. 그러나 사실상 악은 질료적으로 존재하지 않는다. 오직 선만 있을 뿐이다."

이것은 우리의 악에 대한 전반적인 경험에 대한 설명으로서는 그럴싸하지 못한 것으로 보일지 모른다. 분명 당신은 '이것이 어떻게 데이지 꽃이 아름다움을 잃고 시들어 가는지를 설명해 줄지는 몰라도, 아돌프 히틀러(Adolf Hitler, 1889-1945)와 같은 어떤 사람 또는 어떤 것을 설명할 수 있는가?' 하고 의구심을 드러낼 것이다. 여기에는 바로 악의 구현이 있다. 아퀴나스는 계속해서 우리에게 히틀러가 전체적으로 선하지만 단순히 그의 선성의 일부가 제거된 것이라고 말해주는가?

아퀴나스의 대답은 한 마디로 '그렇다!'이다. 히틀러는 데이지 꽃의 경우와 조금도 다르지 않다. (끝없이 이어진 말들의 조합을 당신이 마지막으로 본 것이 언제였던가?) 히틀러 역시 실체에 있어서 전반적으로 선하다.(비록 "완전하게 불변적으로" 그러한

것은 아니지만 말이다.) 나는 이 이상한 구절에 관해 잠시 좀더 머물 것이다.) 그는 순수한 지성과 역량있는 두뇌와 강한 심장, 유연한 근육, 그리고 연설하기에 적합한 목소리를 가지고 창조되었다. 히틀러의 피조된 실체 전체는 선하다. 하지만 그 선의 일부가 그 전체적으로 선한 창조로부터 제거되었을 때(예컨대 자기 통제력이나 이웃 사랑이 제거되었을 때), 그는 지능, 힘, 설득력 등과 같이 선하게 창조된 자신의 재능들을, 여러 나라를 무력으로 정복하고 무죄한 이들을 살육하는 등 악한 복적들을 위해 사용하게 된다. 하느님은 히틀러를 창조하는 데 있어서 악을 '저질렀는가?' 아퀴나스는 '질료적으로는 아니'라고 대답한다. 하느님은 오직 선을 만들었을 뿐이다. 그러면 히틀러가 악을 '행하는가'? 확실히 그렇다.

그리고 이것이 바로 아퀴나스가 악을 해결하려고 시도하는 방식이다. 하느님은 결코 악을 만들지 않는다. 그분은, 때때로

(아니, 가끔) 악을 저지르는 것으로 끝나는 사람들처럼 전체적으로 선한 실체들을 만들 뿐이다. 아퀴나스는 이처럼 하느님과 그분의 창조는 전체적으로 선하다는 것과, 세상은 그 안에 악을 가지고 있다는, 이 두 가지 기초적이지만 어떤 면에서는 겉보기에 서로 충돌하는 그리스도교적 신념들을 화해시키려고 노력한다.

사실상 아퀴나스는 내가 방금 전에 히틀러의 존재를 설명한 것과 많은 점에서 똑같은 방식으로 사탄의 존재를 설명한다. 당신은 사탄이 "타락한 천사"라고 주장하는 말을 들은 적이 있을 것이다. 아퀴나스의 설명에서 당신은 이 주장의 논리를 알아채기 시작할 것이다. 하느님은 사탄을 전체적으로 선하게 창조하였다. 그분은 대단한 역량과 능력을 지닌 천사, 곧 순수하며 무제한의 지성을 갖춘 (다른 모든 천사들과 같은) 존재자를 지어냈다. 이 창조된 속성들은 전체적으로 선하다(그러나 완전하게 불변적으로 그러한 것은 아니다). 이 천사가 하느님을 거슬러 반역을 벌였을 때, 실체적으로 악이 된 것이 아니다. 사탄의 천사적 역량은 아직도 그대로이고 선하다. 그러나 사탄은 이 강력한 창조된 속성들을 (하느님께 도전하고 사람들을 유혹하는 등) 악한 목적을 위해 사용하게 되었다. 그렇다면 아퀴나스에게는, 가장 실재적인 의미에서 사탄은 전체적으로 선하다. 이것은 분명 이상한 주장이다. 그러나 아퀴나스가 그 명제를 오로지 형상적인 의미에서만 의도하고 있다는 점을 인정해야 한다. (사탄의 피조된 본성은 선하지만, 그의 행위들은 그렇지 않다). 아퀴나스는 계속한다. 게다가 이런 결론은 일관될 뿐만 아니라, 또한 하느님께서 세상을 창조하시고 "보시니, 참 좋았다"고 전해주고 있는 창세기에서의 성서적 단언에 의해서 강요되는 것이기도 한다. 거기에는 데이지 꽃이든, 히틀러든, 사탄이든 예외가 없다.

나는 지금쯤 당신이 악에 관한 아퀴나스의 논거들의 논리의

일부를 알아차리기를 희망한다.(나는 또한 이제는 당신이 아퀴나스가 심지어 가장 기본적인 그리스도교 신념들까지도 이성을 통해서 입증하려 시도할 때 그것이 그에게 얼마나 신속하게 복잡다단해지는지를 감상할 수 있기를 희망한다.) 그러나 만일 당신이 그 논거를 조심스럽게 따라왔다면, 당신은 의심의 여지없이 어떤 질문들을 품기 시작했을 것이다. 나는 데이지 꽃으로부터 사라져가는 아름다움에 관해, 그리고 히틀러나 사탄으로부터 제거되고 있는 일부 선에 관해 말해왔지만, 핵심적인 질문 하나를 대답하지 않은 채 남겨 두었다: 이 제거의 원인은 누구, 또는 무엇인가? 아퀴나스가 "선의 결핍"(privatio boni)이라고 부르는 것의 원천은 무엇일까?

결국 만일 하느님이 어떤 천사로부터 제거되어야 할 선의 원인이라면, 그래서 천사가 사탄이 된다면, 결국 악에 실제로 책임이 있는 것은 하느님이 아닌가? 하느님이 다시 그 고리에 걸려들지 않았는가?

아퀴나스는, 다른 수많은 그리스도인들과 마찬가지로, 이 질문을 곤혹스러워하였다. 우리가 위에서 살펴본 대로, 아퀴나스는 만일 하느님이 창조하시는 세상을 선하게 만들어야 했다면, "완전하게 그리고 불변적으로 선한" 것보다는 못해야 한다고 제언한다. 다시 말해, 그것은 선하지만 불완전하게 만들어져야 했다. 왜? 글쎄. 완전하게 그리고 불변적으로 선한 것은 오로지 하나밖에 없고, 그것은 바로 하느님 자신이다. 만일 피조된 세상이 완전하고 불변적으로 선하게 창조되었더라면, 하느님은 다만 당신 자신을 좀더 산출했다는 셈이 될 터인데, 이것은 부조리한 주장이다. 참으로 아퀴나스에게 있어서 피조된 '어떤 것'은 그 정의상, 곧 그것이 어떤 다른 것(곧 그것을 창조한 것)에 자기 존재를 빚지고 있다는 단순한 사실만으로도, 제한되어 있다. 아니, 세상을 구성하는 전체적으로 선한 질료는 불완전해야 한다. 이리하여 우리는 선한 의지가 때때로 부패하는 것을 예상해야 한다.

그러나 아직도 하느님이 그 부패의 원천이고, 따라서 사탄의 질투와 히틀러의 살육의 궁극적 원천이 아닌가? 아퀴나스의 사상가로서의 일관성은 그로 하여금 그 대답이 적어도 부분적으로 '그렇다!'일 것을 허용하게 만든다. 사실상 우리가 지난 장에서 탐색한, 하느님 존재에 관한 바로 '최초의 기동자' 논증이 여기서 다시 아퀴나스를 괴롭힌다. 그의 악에 관한 논의에서 아퀴나스는 최초의 기동자이고 제일 원인으로서 하느님은 한 가지 중요한 의미에서 이어서 벌어지는 모든 것들(심지어 악까지도)의 원인'이다.'[19] 만일 하느님이 운동(변화)을 시작하지 않았더라면,

---

19. *Summa Thologiae*, I, q.49. a.2: Pegis, *Introduction*, p.25.

3. 악은 왜 존재하는가? 인간은 자유 의지를 가지고 있는가? **55**

사탄이 낙원에 들어가는(혹은 히틀러가 폴란드를 침공하는) 운동(변화)은 결코 일어나지 않았을 것이고, 일어날 수도 없었을 것이다.

　나는 아퀴나스가 이렇게 양보한 것에 감탄을 금치 못한다. 그보다 못한 많은 사상가들은 나중에 자신의 주장들이 부직질하다는 것이 입증되었을 때, 단순히 자신의 초창기 논거들을 모른 체 할뿐이다. 물론 아퀴나스가 논하고자 하는 것은 하느님이 (한 가지 형식적인 의미에서) 벌어지는 모든 것들의 원인이기는 하지만, 그렇다고 인간과 (타락한) 천사들의 악한 행위들에까지 도덕적으로 책임이 있는 것은 아니라는 것이다.

　이 질문에 답하기 위해서는 앞서 몇 쪽에 걸쳐서 탐색해온 쟁점으로부터 (그럴싸한 설명의 요구가 심지어 매우 단순한 신념들마저도 복잡하게 만들 수 있다는, 그 길의 두 번째 주된 사례로 돌아설 필요가 있다. 곧 우리는 "도대체 왜 악이 있는 것일까?"라는 질문에서 "인간은(그리고 천사는) 자유 선택권을 가지고 있는가?"라는 질문으로 돌아설 필요가 있다.

직관적으로, 이 새로운 질문에 대한 대답은 명백한 듯이 보인다: '물론 우리는 자유 의지를 가지고 있다.' 예컨대, 당신은, 원한다면, 더 이상 나머지 내용을 읽지 않은 채, 바로 지금 이 책을 던져버릴 수 있다. 아, 그런데 당신은 그렇게 하지 않기로 결정했다(저자로서 매우 섬세한 셈법을 지니고 있는 필자로서는 그 점에 대해 깊이 감사드린다). 하지만 당신은 독서를 중단할 '수' 있었다. 중단하지 않기로 한 것은 바로 '당신의' 결단이었다. 이것은 아주 분명하다.

그러나 정말 그런가?

몇몇 사상가들은 자유 선택을 믿는 데에는, 적어도 그리스도인들에게 문제가 있다고 제언한다. 대다수의 그리스도인들이 가정하는 것을 우리도 잠시 가정해 보기로 하자. 곧, 하느님은 존재하시고, 모든 것을 알고 계시다(omnisciens)는 것, 다시 말해, 모든 것을, 그것이 발생하기도 전에 이미 완벽하게 알고 있다는 것이다. 하느님은 당신이 언제 어디에서 태어날 것인지를 알고 있었다. 하느님은 방금 전에 당신이 이 책을 던져버리고 더 이상 읽는 것을 중단하지 않으리라는 것을 알고 있었다. 하느님은 심지어 리사 마리 프레슬리(Lisa Marie Presley)-마이클 잭슨(Michael Jackson) 부부의 사태가 결국 잘 풀리지 않으리라는 것을 사전에 알고 있었다. (좋다. 어쩌면 어떤 것들이 신적 전지(全知)로 하여금 미리 알도록 해주지 '않을'지 모른다.)

무엇이 문제인가? 중세 사상가들은 이런 전지의 능력을 지니고 있는 하느님 앞에서 과연 인간의 자유 선택이 참될 수 있는지 궁금해하기 시작하였다. 잠시 생각해 보자. 만일 하느님이 당신이 태어나기도 전에 당신이 이 날 이 시간에 계속해서 이 책을 읽을 것을 알았다면, 당신은 실제로 이 책을 계속해서 읽지 '않았을' 수 있을까? 당신은 독서를 중단할 사유를 가지고 있는가? 모든 것을 아는 신이 잘못 알 수 있었거나, 아니면 그가 모든 것을 아는 것이 아니었을지 모른다. 만일 그가 당신이 계속해서 읽을 줄로 알았는데, 당신이 중단해 버렸다면, 하느님은 잘못 알았던 것이리라. 당신은 계속해서 '읽었어야' 했다. 이 점에 관해서는 의심의 여지가 없다. 그리고 만일 그것이 사실이라면, 당신은 어떤 자유를 가졌단 말인가? 문제는 대단히 까다롭다.

철학자들이 묻는 것처럼, 하느님의 전지(全知)는 인간의 자유 선택과 조화를 이룰 수 있는가? (팁: 이 마지막 질문을 어느 날 파

티에서의 어색함 깨기라고 생각해 보자. 친구가 없으니 당신 스스로 해결해야 한다.)

개신교의 가장 영향력 있는 두 인물인 마르틴 루터(Martin Luther, 1483-1546)나 장 칼뱅(Jean Calvin, 1509-1564)과 같은 후대의 그리스도인들은 자유 선택과 하느님의 지식 사이의 긴장을 해결할 길을 찾기를 포기하였다. 그들은 하느님이 전지하지 못하다거나 그분이 잘못 알 수 있다고는 상상조차 할 수 없었고, 그래서 인간은 자유 선택권을 가지고 있어서는 안 된다고 결론지었다. 루터의 말("의지의 속박"[The Bondage of the Will]이라는 제목을 붙인 글의 한 부분으로부터 인용)을 들어보자. "왜냐하면 만일 우리가 하느님이 만물을 미리 알고 미리 질서지웠다는 것, 그분은 미리 아는 지식에서 속거나 방해를 받을 수 없다는 것,(...) 그리고 오직 (이성이 허용할 수밖에 없는) 그분의 뜻 이외에는 어떤 일도 일어나지 않는다는 것이 참이라고 믿는다면, 이성 자신의 증언에 기초해서 볼 때, 인간이나 천사나, 아니면 그 어떤 피조물에게도 자유 의지란 있을 수 없다."[20] 이와 똑같은 논리가 칼뱅의 유명한 예정(praedestinatio) 개념의 원천에 있다. 당신은 당신이 취하는 선택들을 택하도록 하느님에 의해서 미리 예정되었다. 당신에게는 자유 의지가 없다.

아퀴나스는 이와 같은 생각을 가지고 있지 않았다. 사실상 그는 이 가운데 어떤 것도 가질 '수' 없다고 생각하였다. 아퀴나스는 이렇게 논한다. 만일 우리가 참된 자유를 가지고 있지 못하고, 모든 것이 하느님에 의해 미리 예정되어 있다면, 하느님은 어떻게 의로울 수 있단 말인가? 하느님은 어떤 이들에게 영원한 단죄를 내리고, 다른 이들에게는 구원의 보상을 내린다. 만일 우

---

20. Martin Luther, "The Bondage of the Will", in *Martin Luther*, ed. John Dillenbergher, Garden City(NY), Anchor Books, 1961, p.203.

리가 자유 선택권을 가지고 있지 않다면, 만일 우리가 행하는 모든 것이 하느님의 통제의 산물이라면, 하느님은 정의롭지 못하다. 어떤 가난하고 불쌍한 사람들을 그들 자신의 것도 아닌 행위들 때문에 처벌하기 때문이다. 그것은 마치 교통법규 즉결재판소 판사가 당신의 사고가 온전히 당신의 통제능력을 넘어서 일어났다는 것을 인정하면서도 그와는 무관하게 당신을 수감시킨 경우에 견줄 수 있을 것이다.

이 곤경 때문에 아퀴나스는 그의 생애 전체에 걸쳐서, 하느님의 전지전능을 인정하면서도 '동시에' 인간 존재자들이 아직도 진정한 자유 선택권을 지닐 수 있는 길을 찾아내려고 애를 썼다. 어떤 비판가들(다른 누구보다도 특히 루터와 칼뱅)은 그의 논거들이 실패했다고 말했다. 이것이 사실인지는 당신 스스로 판단해야 한다.

이 문제를 풀기 위해 아퀴나스가 택한 한 가지 시도는 하느님이 '무시간적'(timeless)이라고 논하는 것이다. 그는 하느님이 당신이 실제로 그 선택을 내리기 '전에' 당신이 오늘 그 책을 계속해서 읽을 것임을 알고 있었다는 것은 부정확하다고 지적한다. 『신학대전』에서 아퀴나스는 우리처럼 시간 '속에서' 살고 있는 사람들은 길을 가는 여행자와 같다고 말한다. 우리는 우리의 바로 앞이나 방금 전의 뒤를 직접 볼 수 있지만, 굽은 길 다음에는 불확실성이 도사리고 있다. 미래는 구름에 싸여 있다. 다른 한편, 하느님은 모든 것을 완전하게 앎으로써 조망을 한다. 그는 길 전체, 곧 모든 굽은 길과 그 위를 걷고 있는 모든 여행자를 단번에 본다. 아퀴나스 자신의 표현을 들어보자. "길을 걷고 있는 사람은 그를 뒤따라 오는 사람들을 볼 수 없다. 그러나 언덕 위에서 그 길의 전 과정을 내려다보는 사람은 그 길을 걷고 있는 모든 사람들을 동시에 볼 수 있다. 하느님의 경우가 바로 여기에 해당된다."[21] 하느님의 시간 인식은 길에 대한 이 조망과 같다고, 아퀴나스는 말한다. 하느님은 모든 사건들과 모든 순간들, 그리고 사실상 역사 전체를 완전하게 그리고 (그것들이 일어나기 전도 아니고, 그것들이 일어난 다음도 아니라) 단번에 본다. 그는 '시간을 넘어' 존재한다. 아퀴나스는 이렇게 논한다. 그러한 것으로서 하느님은 우리가 그것을 행하기 '이전에' 그것을 행할 것을 알고 있고, 그래서 우리에게는 자유롭게 선택할 아무런 역량도 남아있지 않다. 우리는 시간 테두리 안에서 실존하지만, 하느님께는 도무지 시간이란 것이 없다.

이 모든 것은 그저 화려한 탐방취재에 불과한 것인가? 아퀴나스는 자유 선택 문제를, 영리하지만 텅 빈 말장난을 통해서 해결하려고 시도하고 있는 것인가? 그에 대한 비판가들이 그렇게 말하고 있고, 어쩌면 핵심을 찌르는 것인지도 모른다. 결국, 설령 하느님이 시간 바깥에 존재한다고 하더라도 '우리'는 시간의 테두리 안에 실존하고 있고, 우리는 자유롭게 선택할 역량이 의문에 부쳐지고 있는 바로 그 존재자들이다.

그러나 아퀴나스는 또 다른 논거를 제시하고 있는데, 이것은 매우 흥미롭다. 그는 하느님이 두 가지 서로 다른 방식으로 사물들이 발생하기를 바란다고 주장한다. 아퀴나스가 사용하고 있는 실세적 발들은 하느님이 어떤 것들이 '필연적으로' 일어나기를 원하시고, 다른 것들은 '우연적으로' 일어나기를 원하신다는 것이다. 그가 의미하는 것은 무엇일까? 결국 아퀴나스는 우리에게 하느님이 두 가지 다른 방식으로 일어나기를 원할 수(사물들

---

21. Anthony Kenny(ed.), Aquinas: *A Collection of Critical Essays*, New York, Anchor Books, p.261. 참조: 정의채 옮김, 『신학대전2』(I, 13-19), 2판, 2014, 277쪽: 제1부 제14문 제13절 제3답.

을 창조할 수) 있다고 말해준다.[22]

　하느님은 어떤 것들을, 그것들이 필연적으로 일어나기를 원함으로써 창조한다. 창세기 앞머리에 있는 "빛이 생기어라!"(Fiat lux!)라는 하느님의 선포가 좋은 예가 될 것이다. 아퀴나스는 하느님이 이 빛이 존재하기를 필연적으로 원했다고 말한다. 결과적으로 빛이 없을 가능성은 전혀 없었다. 하느님이 그것을 이런 식으로 원했다는 단순한 사실은 그것이 결정적으로 일어날 것임을 의미한다. 매우 단순하다.
　아퀴나스의 보다 독창적인 생각은 하느님이 다른 것들이 전혀 다른 방식으로, 곧 우연적으로 일어나기를 원하신다고 말하는 것이다. 여기서 '우연적'(contingens)이라는 것은 어떤 것이 어

---

22. *Summa Theologiae*, I, q.19, a.8(국역본: 정의채 옮김, 『신학대전2』(I, 13-19), 같은 책, 519쪽).

"창조에 빛을 좀 넣자!"

떤 다른 것에 의존하고 있다는 것을 의미한다. 하느님이 어떤 다른 것이 우연적으로 일어나기를 원하신다는 것은 무엇을 의미하는 것일까?

한 가지 예가 도움이 될 것이다. 하느님이 '모노폴리'(monopoly)라는 보드게임의 매니아라고 가정해 보자.[23] 그는 주변에 천사

---

23. (*역자주): 보드게임의 하나로 참가자들이 두 개의 주사위를 던져 말을 움직이면서 각 칸에 적힌 명령이나 조건에 따라 게임용 돈을 가지고 자산을 거래하며 겨루는 놀이이다. 예컨대 말이 '감옥으로 직행'이라는 명령어가 쓰인 칸에 놓일 경우에는 아무런 거래도 하지 못한 채 감옥 칸으로 이동해야 하며, 이후 세 번째 자기 차례가 돌아와야 겨우 감옥에서 빠져나올 수 있다. '출발'(Go) 칸은 처음 게임을 시작할 때 모든 말이 출발

들을 불러 모아 시간제로 게임을 한다.(어쨌든 전능한 하느님이 '모노폴리'라고 불리는 이 게임에 점차 [마음이] 끌리리라는 것은 의미가 있다.) 어느 날 밤 그는 이 게임에서 핵심적인 위기에 이르게 되고, 이기기 위해서는 '주사위'(double sixes)를 굴리는 것('발틱 애비뉴'[Baltic Avenue]와 함께 해야 하는 어떤 것이라는 말을 들었다)이 필요하다. 자, 그는 신이니까 위에서 논의된 첫 번째 의미로 그 '주사위'를 굴리기로 원할 '수' 있다. 만일 그가 그렇게 한다면, 그 '주사위'는 결정적으로 원하는 숫자를 보여주게 되고(come up), 게임은 끝날 것이며, 어떤 천사들은 다소 안타깝게 생각할 것이다. (나는 여기서 이것이 바로 하느님을 거슬러 벌인 본래적 반역의 원천이었음을 시사하려는 것이 아니지만, 당신은 두 명이 '모노폴리' 게임을 하는 것을 일찍이 본 적이 있는가?) 그러나 그렇게 하는 것은 거의 공평한 것으로 보이지 않는다. 더욱이 만일 신이 참으로 '모노폴리' 게임의 매니아라면, 그것은 자기를 속이는 처사다. 그는 다만 그 게임의 경험을 즐기기만 했을 것이고, 설령 그가 질 뻔한, [그래서] '주사위'를 굴리지 않을 기회를 가졌더라도, 그는 잠재적으로 이겼을 것이다.

    아퀴나스는 이런 상황에서 하느님은 '주사위'가 우연적으로 숫자를 보여주기를 원할 수 있는 역량을 가지고 있어야 한다고 말한다. 매우 지혜로운 존재이기에 하느님은 분명 자기가 이기기 위해서는 '주사위'가 요구된다는 것을 안다. 그는 심지어 '주사위'가 당신이 원하는 숫자를 내보이기를 원할 수도 있다. 그러나, 아퀴나스는 묻는다, 설령 하느님이 이 놀음의 자연적 역할 위에 그것이 '우연히' 벌어지기를 더 원한다고 하더라도, 상관없

하는 칸으로, 이후 말이 전체를 한 바퀴 다 돌아 이 '출발' 칸을 다시 통과하거나 머물게 될 때, 정해진 금액의 돈을 받게 된다.

지 않은가? 하느님이 이것을 할 수 없다고 말하는 것은, 다시 말해, 그는 오로지 '주사위'가 필연적으로 일어나는 식으로만 원할 수 있고 그 놀음이 자연적으로 구르는 것은 결코 허용할 수 없다고 말하는 것은, 하느님이 충만히 강력하지 못하다고 말하는 것으로 보인다. 그것은 하느님이 할 수 없는 일이 있다고, 그리고 그것은 주사위를 굴리고 그것이 어떻게 떨어지게 될지를 결정할 자연적 개연성들을 허용하는 것과 같은 단순한 행위라고 말하는 것처럼 보인다. 우리는 실제로 하느님이 우리 가운데 누구라도 수행할 수 있는 어떤 행위를 수행할 수 없다고 말하기를 원하는 것인가? 아퀴나스는 이것은 부조리하다고 생각한다. 아니, 하느님은 '주사위'가 당신이 원하는 숫자를 보이기를 원할 수도 있어야 하고, 또 주사위가 자연적으로 구르도록 허용할 수도 있어야 한다.

이것은 당신이 자유 선택권을 가지고 있느냐 하는 문제와 무슨 상관이 있는가? 아주 조금밖에 관계가 없다. 설령 하느님이 당신에 관한 어떤 것을, 예컨대 당신이 존재하기를, 당신이 지성을 지니기를, 당신이 뉴저지에 태어나기를 필연적으로 원하더라도, 무슨 상관이란 말인가? 자, 그렇다면 이것들은 확실하게 일어날 것이다. 당신은 존재할 것이다. 당신은 지성을 지니고 있을 것이다. 당신은 뉴저지에서 태어날 것이다. (이봐, 우리는 곧 하느님이 부당하다는 주장들로 돌아갈 거라구!) 그러나 하느님이 당신에 관해 우연히 다른 것들, 예컨대 당신이 당신의 지성을 최대한 발전시키기로 했다는 것, 신앙에 충실하여 구원을 얻기로 했다는 것, 그리고 뉴저지에서 이사를 가기로 했다는 것 등을 원한다고 해도 무슨 상관이겠는가? 무엇에 대해 우연하다는 것인가? 아퀴나스는 '당신의 자유 선택에 관한 우연'이라고 대답한다. 하느님은 당신이 당신의 잠재력을 발전시키기를, 악보다는

선을 행하기를, 신앙에 충실하기를 원하지만, '모노폴리' 게임을 할 때 '주사위'를 굴려 원하는 숫자를 얻기를 원한다는 의미에 병행하는 방식으로 그렇게 하고 있다. 그분은 그것이 발생하기를 원하지만, 그것이 발생하도록 '강제하지'는 않는다. 하느님이 어떤 것들이 다른 것들에 대해 우연히 발생하기를 원한다고 말하는 것은 하느님의 능력을 훼손하는 것일까? 아퀴나스는 '천만의 말씀!'이라고 말한다. 그것은 하느님의 역량과 능력에 추가된다. 그는 여러 가지 방식으로 창조할 수 있다. 그렇다면 하느님이 당신이 어떤 일을 하기를 '우연히' 원하는 것은 당신의 인간적 자유 신뢰를 무너뜨리는가? 또 다시 아퀴나스는 '천만의 말씀!'이라고 대답한다. 단지 그것은 하느님이 '주사위'의 숫자를 원하지만 자연적 개연성들이 그 주사위의 회전을 규정하도록 허용할 때 주사위의 자유를 훼손하는 것이다.

그래서 어쩌면 이것이 앞에서 논의한 사탄과 히틀러에 의한 악한 행위들을 이해해야 하는 방식일지 모른다. 한 가지 의미에서 최초의 기동자로서의 하느님은 그들의 잔악한 행위들의 원인이다. 분명히 만일 창조주로서의 하느님이 이 존재자들을 먼저 만들지 않았다면, 그때 그것들은 그들이 행한 대황폐를 저지를 수 없었을 것이다. 그렇지만 또 다른 의미에서는 하느님은 잘못하지 않는다. 그분은 사탄과 히틀러가 자기들의 자연적 재능들을 선에 봉사하는 데 사용하기를 원하시지만, 이것을 필연적으로가 아니라 우연적으로 원하셨다. 그것은 '그들의' 자유 의지에 대해 우연한 것이었다. 이리하여 또 다른 의미에서, 사탄과 히틀러는 그들이 저지른 그 악에 대해 책임이 있다. 그리고 만일 이것이 그 경우라면 어쩌면 하느님은 그들의 악한 행위들에 대해 탓이 있는 것이 아닐 것이다.(그러나 그분은 아직도 뉴저지를 창조하기 위한 고리에서는 벗어나지 못한다.)

만일 당신이 이 논거들을 따랐다면, 당신은 잘 하고 있는 중이다. 전문 철학자들조차도 때로는 아퀴나스를 의미있게 만들기 위해 투쟁한다. 그러나 그들은 이성이 요구될 때, 어떻게 심지어

매우 단순한 신념들(지금 우리의 경우에는 하느님이 전지하시다는, 그리고 당신이 자유 의지를 지니고 있다는 신념들)조차도 까다롭고 복잡한 신학적 쟁점들로 이끌 수 있는지를 보여준다.

하느님의 본성, 신 존재 증명, 악 문제, 자유 의지 문제 등은 가장 중요한 신학적 쟁점들 가운데 일부이고, 아퀴나스의 대답은 여러 세대에 걸쳐 그리스도인들에게 영향을 미쳤다. 오늘날조차도 우리는 "최초의 기동자" 논거에 관한 논의나 악이 "선의 결핍"이라는 관념에 관한 설명이 없는 종교철학 서적은 찾아보기 어렵다.

그러나 만일 우리가 그가 신학적 논쟁을 처음으로 구성하였다는 것을 단순히 지적하기만 한다면, 그것은 토마스 아퀴나스의 유산에 누를 끼치는 셈이다. 중요한 것은 기존하는 신념들에 대한 비판적 검토로서의 아퀴나스의 이성 적용이 결국 비단 그리스도인들을 위해서뿐만 아니라 세계의 수많은 사람들에게도 진리의 표준이 될 수 있다는 점이다. 그리고 어떤 주제들에 관한 그의 통찰들은 비단 그리스도교적 신념뿐만 아니라 또한 서구의 지성적 전통의 주류까지도 형성하게 될 것이다. 우리는 모두, 그리스도인이건 비그리스도인건 간에, 어떤 의미에서는 토마스주의자들이다. 이어지는 장들에서는 법, 도덕, 여성, 정치와 같은 중요한 실천적 탐구 영역에서 아퀴나스의 영향력 있는 기여들을 탐색함으로써 그 점을 보여주고자 시도할 것이나.

하지만 우리가 맨 먼저 머물러야 할 곳은 실천적인 것과는 거리가 먼 주제이지만, 앞으로 다루어야 할 것들을 우리가 이해하는 데 본질적이다. 이 주제는 토마스의 가르침 가운데 핵심 요체이지만, 오늘날은 거의 논의되지 않는 분야, 곧 '형이상학'이다. 마음 단단히 먹어야 할 것이다.

4. 형이상학의 기초
(혹은 왜 우리는 이렇게 존재하는가?)

"언제나 위대한 대화 방해자" 상위 10 목록에는 "내 통풍과의 전투에 대해서 들은 적이 있니?"와 "어이, 나를 위해 이것 좀 뽑아줄 수 있어?" 등과 나란히 "우리 형이상학(metaphysica)에 관해 얘기해 봅시다."도 들어 있다. 그것은 추상적이고 때로는 당혹스럽게 만드는 이상한 주제이다. 접두어 '메타'(meta-)는 그리스어 단어로서, 거칠게 번역하자면 '뒤에, 다음에, 넘어' 등의 뜻을 담고 있다. 따라서 '메타-피지카'(meta-physica)는 물리적 영역 '이후에' 또는 '그 너머'에 있는 것에 대해 탐구하는 학문으로서, 물리적 영역에 집중하는 물리학 또는 자연학(physica)과는 대조되는 학문이다.

오늘날 대다수의 사람들은 그 용어를 유령이나 영의 세계에 대한 관심쯤을 가리키는 데 사용하고 있지만, 아퀴나스에게 형이상학이란 훨씬 광범위한 의미를 지니고 있었다. 아퀴나스는 형이상학을 "존재자의 학문"이라고 정의한다. 그는 말한다: 그것은 어떤 대상의 바로 본질에 관한 탐구, 곧 어떤 사물을 바로 그 사물로 만드는 것에 대한 연구이다.

오호! 나는 이미 당신의 눈이 점차 흐려지는 것을 느낄 수 있다. 하지만 이 관념을 당신이 좀더 가까이 접근할 수 있도록 만들고, 또 왜 당신이 관심을 기울여야 하는지를 보여줄 수 있도록 잠시 나에게 시간을 내주시라.

이미 우리가 살펴본 것처럼, 아퀴나스와 같은 철학자들은 가끔 대다수의 사람들이 기정사실로 받아들이고 있는 쟁점들에 관심을 기울인다. (마치 내가 이 점을 당신에게 말해야만 했던 것처럼.) 인간이 자유 의지를 가지고 있느냐는 질문이 우리가 이미 살펴본 그 한 가지 예가 될 수 있다. 또 한 가지 예가 형이상학에서 발견된다.

형이상학자로서의 아퀴나스가 관심을 기울이는 핵심 문제는 다음과 같다: 하나의 사물을 바로 그 사물로 만드는 것은 무엇인가? 몇 가지 특수한 예들이 도움이 될 것이다. 나는 아주 단순한

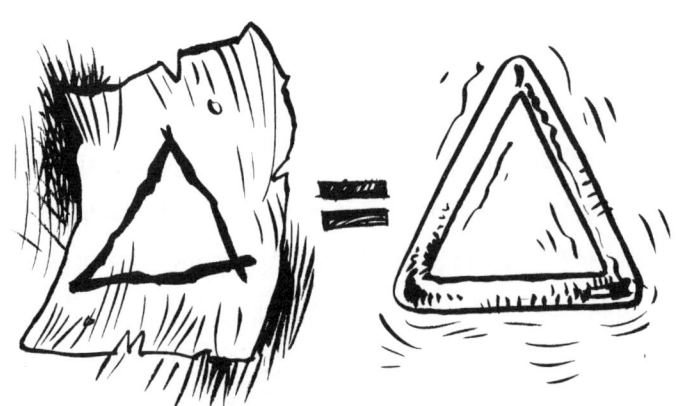

것에서 시작할까 한다.

　당신이 마주하고 있는 지면에 하나의 커다란 녹색 삼각형이 있다고 치자. 이 삼각형의 의미는 무엇인가? 자, 물리학자는 그 삼각형의 물리적 본성에 관해 탐구함으로써 그 질문에 답변할 것이다: 그것은 평면이고, 높이가 10cm이며, 녹색이고, 종이로 만들어졌다고. 반면에 형이상학자는 이렇게 물을 것이다. "당신이 마주하고 있는 지면 위의 저 모양을 우선 '삼각형'으로 만드는 것은 무엇인가? 무엇이 저 대상을 삼각형으로 만드는가?"

　아퀴나스는 당신이 마주하고 있는 저 대상에 관한 어떤 특성들, 곧 그것이 녹색이라는 사실, 높이가 10cm라는 사실, 그것이 종이로 만들어졌다는 사실 등은 그것이 삼각형이라는 점에 그리 중요하지 않다고 지적할 것이다. 이런 것들은 그가 형이상학적인 의미에서 "우유"(偶有, accidens)라고 부르는 것들이다.[24] 그것들은 그 대상을 삼각형으로 만드는 것의 본질적 일부가 아니다. 아퀴나스의 표현대로는 그 '본질'(essentia)의 일부가 아닌 것이다. 그 대상은 녹색이 아니라 빨간 색일 수 있고, 10cm 대신에 15cm일 수도 있는데, 그것은 아직도 삼각형이다. 자, 만일 그 색깔과 규격이 삼각형의 "우유적"(부수적) 특성들이라면, 형이

---

24. (*역자주): 아리스토텔레스와 토마스 아퀴나스로 이어지는 실재주의(realismus) 노선의 형이상학은 존재자(ens)를 존재자로서 탐구하는 학문인데, 존재자 또는 존재하는 실재 전체는 크게 실체(實體, substantia)와 우유(偶有, accidens)로 나누어진다. 가장 충만한 의미의 존재자라 할 수 있는 실체는 '그 자체 안에 존재(esse)를 지니고 있으면서, 어떤 다른 것 안에 있지 아니한 것'이고, 우유는 '자기 고유의 존재를 가지고 있지 못하고 존재하기 위해서 실체에 의지하고 그것에 내속(內屬)해야 하는 것'이다. 모든 물질적 실체들은 아홉 가지 우유들, 곧 양(量), 질(質), 관계(關係), 능동(能動), 수동(受動), 장소(場所), 시간(時間), 위치(位置), 습성(習性)을 수반하고 있다. 보다 상세한 해설을 보기 위해서는, 레오 엘더스, 『토마스 아퀴나스의 형이상학』(박승찬 옮김, 가톨릭출판사, 2003), 409-458쪽 참조.

상학자는 이렇게 물을 것이다. "그렇다면 '본질적' 속성들은 무엇인가?" 그 삼각형을 삼각형으로 만드는 것이 무엇인가? 물론 그 답은 삼각형이 3면을 지니고 있는 기하학적 도형이라는 것이다. '이' 특성을 바꾸게 되면, (예컨대, 그 대상에 3면이 아니라 4면을 주게 되면) 당신은 더 이상 삼각형을 눈앞에 두고 있는 것이 아닐 것이다. 그것이 3면을 가지고 있다는 것은 삼각형에 '본질적' 이다.

여기에 또 하나의 예가 있다. '독신자'의 본질은 무엇인가? 독신자 샘(Sam)은 밤색 머리칼을 가지고 있고, 보스턴에서 바를 운영하고 있으며, 키가 180cm이다. 이것들은 샘이 독신자인 것에 우유적(부수적)인 특성들이다. 이 가운데 어느 한 가지나 전부가 바뀌더라도, 문제의 인물은 아직 독신자일 수 있다. 물론 샘이 독신자라는 점에 '본질적'인 것은 그가 결혼하지 않은 성인 남성이라는 점이다. 그 특성을 제거하게 되면, 즉 샘이 보스턴에서 바를 운영하고 있고 결혼한 성인이라고 가정한다면, 그는 더 이상 독신자가 아닌 것이다.

나는 당신이 형이상학을 이토록 단순하다고 생각하지 않았으리라고 단정할 수 있다. 불행히도 그것은 그렇게 단순하지 않다. 왜냐하면 (나는 당신이 이미 의심하고 있다고 확신한다) 아퀴나스는 (만일 그랬더라면, 훨씬 더 재미있었을 테지만) 삼각형이나 독신자의 본질을 정의하는 것에는 관심이 없었기 때문이다. 그는 훨씬 더 어려운 과제에 관심을 집중하였다. 하느님의 본질은 무엇인가? 천사의 본질은? 인간의 본질, 법의 본질은? 특히 수천 가지 뚜렷한 특성들을 지니고 있는, 믿을 수 없을 징도로 복잡한 이 각각의 존재자들을 바로 그 사물로 만드는 것은 무엇인가? 어떤 특성들이 본질적이고, 어떤 특성들이 우유적인가?

비록 조촐하기는 하지만 우리는 이미 이 책에서 형이상학을 하는 일에 가담해왔다. (나는 묵묵히 일하는 사람이다.) 예컨대, 앞에서 우리는 다음과 같이 물었다: 결국 하느님께는 불변하다는 것이 본질적인가? 하느님은 변할 수 있는가? 변하더라도 아직 신일 수 있는가? (아퀴나스의 대답은, 하느님이 변할 수 없다는 것이다.) 우리는 또한 아퀴나스가 하느님이 전능(全能)하고 전지(全

知)하며 전선(純善)한 것이 그분의 본질의 일부라고 논하는 것을 보았다. 이 특성들 가운데 어느 하나를 제거하게 되면, (적어도 아퀴나스에 따르면) 당신은 더 이상 하느님을 대하고 있는 것이 아니다. 우리는 또한 아퀴나스가 천사와 인간에 대해서 그들이 악하다는 것이 그들의 본질의 일부가 '아니'라고 말하는 것을 살펴보았다. 사탄과 히틀러는 악한 행위에 가담할 수는 있겠지만, 아퀴나스에 따르면, 그렇게 하는 것이 그들의 피조된 본질의 일부가 아니다. 악은 이처럼 인간과 천사의 본성에 우유적이다. 실상 『신학대전』에서 아퀴나스는 실제로 모든 악이 하나의 우유라고 논하고 있다.[25] 이 주장은, 당신이 상상할 수 있는 것처럼, 가끔 현대의 독자들에게 오해를 받았다. 아퀴나스가 하느님이 어쨌든 발을 헛디뎌 아뿔싸 우연히 악을 만들었다고 말하고 있는 것이 아니다. 오히려 그의 주장은 형이상학적인 것이다. 악은 그 어떤 피조된 대상(예컨대 아담)에게도 본질적이지 않다. 그것은 녹색이라는 것이 삼각형에, 그리고 키가 크다는 것이 독신자에게 본질적이 아닌 것과 마찬가지다. 각각의 삼각형들은 녹색일 수 있고, 개별 독신자들은 키가 클 수도 있으며, 아담은 악을 행할 수도 있다. 그러나 이것들 가운데 그 어떤 것도 문제의 대상의 바로 형이상학적 본성에 본질적이지 않다. 이것은 악 문제에 대한 아퀴나스의 대답에 또 한 가지 측면을 추가한다. 악은 우주 안에 있지만, 피조된 영역의 본질의 일부로서가 아니다. 하느님이 의도적으로 목적을 가지고 창조한 것의 일부가 아닌 것이다. 이리하여 하느님은 다시 한 번 더 악의 창조로부터 분리된다.

만일 악이 창조된 어떤 대상의 본성의 일부가 아니라면, 도대체 무엇이란 말인가? 이것은 그 대답이 아퀴나스가 법, 도덕, 그

---

25. *Summa Theologiae*, I, q.40, a.1.

4. 형이상학의 기초

리고 정치에 대해 말하는 것에 깊은 영향을 미칠 것이기 때문에, 대단히 중요한 질문이다. 창조의 대상들의 형이상학적 본질은 무엇인가?

아퀴나스는 어떤 대상의 본성을 확립하는 한 가지 핵심적 방식이 그 목적(end) 또는 목표를 규정하는 것이라고 논하고 있다. 만일 우리가 A라는 사람이 항공기 조종사이고 B라는 사람은 제빵사라고 규정해야 한다면, 그것은 (대체로) 우리가 먼저 A는 비행기들을 그 적절한 목적지로 운항하는 일에 종사하고, B는 빵과 과자를 굽는 일에 종사한다고 확립하기 때문일 것이다. 그들이 누구인지를 확정짓는 것은 그들의 목적 또는 목표이다. 이것은 모든 대상들에 대해서도 마찬가지라고 아퀴나스는 말한다. 어떤 대상이 무엇인지는 (대체로) 그 목적에 의해서 규정된다. 목적이 어떤 대상의 본질을 규정하기 위한 출발점이다. 매우 단순

하다.

그래서 피조된 대상들의 목적은 무엇인가? 아퀴나스의 대답은 논란의 여지가 있고 놀랍다. 아퀴나스는 모든 대상들이 한 가지 목적을 공유하는데, 그 목적이 바로 최고선, 곧 하느님이라고 말한다. 만물은 본성적으로, 그 바로 피조된 본성에 의해서, 하느님을 추구한다. 곧 보게 되겠지만, 아퀴나스는 이것이 확실히 인간이나 천사와 같은 지성적 존재자들에게 해당된다고 주장한다. 그러나 또한 나무나 사자와 같은 비지성적 존재자들은 물론 심지어 바위와 같은 무생물적 대상들에게도 해당된다. 아퀴나스가 말하고 있는 것은 각각의 경우에 존재성은 그 바로 본성의 일부로서 하느님께 봉사하는 목적 또는 목표를 가지고 있다는 것이다. 사자가 사슴을 물어 죽일 때, 그것은 사자의 종을 유지함으로써 그리고 사슴의 개체수를 조정하여 환경 체계의 균형을 보호함으로써 하느님의 계획에 봉사하는 중이다. 한 그루 나무가 하늘을 향해 자라날 때, 그것은 다른 피조물들을 위해 과일과 콩을 제공함으로써, 광합성을 통해 공기의 구성요소들을 순환시킴으로써, 그리고 사람들이 집을 짓도록 목재를 제공함으로써, 하느님께 봉사하는 중이다. 그리고 하나의 바위가 (...) 음~, 거기에 있을 때, 그것은 곤충들의 서식처가 되고 뱀들을 위한 그늘이 되어 준다. 이 모든 존재자들의 궁극적 목적은 아무리 미소한 방식으로라도 하느님께, 그리고 우주를 위한 그 분의 계획에 봉사하는 것이다.

물론 동물들과 나무들은 "자연적으로"(본성적으로) 하느님께

봉사한다. 왜냐하면 그들에게는 인간적인 자유 선택 기관이 없기 때문에, 사자들은 본능적으로 하느님과 그분의 목적에 봉사하는 방식으로 행동하고, 나무들도 자기들의 피조된 본성을 통하여 불가피하게 그렇게 한다. 각자 필연적으로 그 형이상학적 목적을 채운다. 그런데 인간의 경우는 전적으로 다른 문제이다.

아퀴나스에 따르면, 사람들은 우리가 하느님을 추구하고 섬길 때에야 비로소 우리의 본성을 제대로 채우는 그런 방식으로 창조되었다.[26] 그러나 우리는 자유 선택권을 갖춘 피조물이기 때문에(제3장의 논의를 보라), (천사들과 마찬가지로) 우리가 그렇게 선택할 경우에 우리의 피조된 본성을 채우지 않는 독특한 역량을 지니고 있다. 나무는 자연적으로 하늘을 향해 자라난다. 사자는 본능적으로 사슴을 사냥한다. 그러나 모든 사람이 다 하느님을 추구하고 섬기는 방식으로 행동하지는 않는다. 아퀴나스는 참으로 우리가 그렇게 할 때에야 비로소 진정으로 채워진다고 말한다.(왜냐하면 그것이 우리의 형이상학적 본성 또는 본질의 일부이기 때문이다.) 그러나 이것은 우리가 언제나 하느님을 추구하고 있다는 것을 의미하는가? 그것과는 거리가 멀다. 그것이 의미하는 것은 우리가 그렇게 하는 데 실패할 경우 우리는 불가피하게 인간 존재자로서의 행복과 완성을 발견하는 데 실패한다는 것을 의미한다. 결국 우리는 우리의 본성을 부정하고 있는 것이다.

한 가지 유비(類比, analogia)가 여기서 도움이 될 것이다. 인간으로서 우리는 모두 특정한 영양섭취의 필요성을 공유하고 있다. 우리는 일정량의 비타민 C, 단백질 등을 필요로 한다. 그것

---

26. Cf. *Summa contra Gentiles*, III, c.3(국역본: 김율 옮김, 『대이교도대전 III-1』, 분도출판사, 2019, 108-116쪽).

4. 형이상학의 기초 **79**

들을 보충하지 못하면, 제대로 성장하지 못할 것이다. (심지어 우리는 살아남지 못할지도 모른다.) 자유 선택권을 지니고 있는 피조물로서 우리는 이 영양섭취의 요구들을 부정할 수 있다. 당신은 내일 아침 깨어 다시는 오렌지 주스를 마시거나 단백질을 섭취하지 않겠다고 결심할 수 있다. 대신에, 당신은 단순히 인쇄용지를 소비할 것이다: 매일 세 장의 종이로 세 끼 식사를. (믿어주세요. 이 책을 쓰는 동안에 이런 생각이 들었습니다.) 그렇지만 당신이 그런 선택을 한다는 사실은 당신이 살아남기 위해 비타민 C와 단백질을 필요로 한다는 기본적 사실을 바꾸지 못한다. 이것은 아무리 많은 의지가 합쳐진다고 하더라도 결코 바꾸지 못할 사실이다. 왜? 이 영양섭취의 요구들은 바로 당신의 피조된

삼각형은 참 편리하지?!
사실 제1 기동자에게 정말 슈웅해!

본성의 일부이기 때문에, 그것들은 당신의 본질의 일부이다.

아퀴나스는 똑같은 것이 우리가 인간으로서 하느님을 추구해야 하는 목적에 대해서도 참되다고 말한다. 당신은, 당신의 자유 선택에 의해서 하느님이 당신에게 중요하다는 것을 부정한다. 당신은 고집스런 무신론자가 되어 세속적인 물질들 안에서만 만족을 추구할 수 있다. 배타적으로 땅콩버터 컵들과 브리트니 스피어스(Britney Spears) 비데오들에서만 (그러나 나에 대해서는 충분히) 성취를 발견하려고 할 수 있다. 그러나 (여기는 논쟁점인데) 아퀴나스는 당신은 결코 실제로 행복하지 못하다고, 결코 충만히 성취되지 못할 것이라고 말한다. (분명히 아퀴나스는 브리트니 스피어스 비데오를 본적이 없다.) 인쇄용지를 먹는 사람과 마찬가지로 하느님을 추구하지 않은 채 실존하려고 노력하는 사람도 자신의 기본적인 인간적 본성을 부정하며 행동하고 있다. 하느님을 추구하는 것은 인간의 형이상학적 본성의 일부이다.

만물이 본성상 선, 곧 하느님을 추구한다는 것은 아퀴나스 형이상학의, 그리고 그의 철학 체계 전체의 핵심적 주장이다. 이것은 만물이 언제나 이 목적과 일치되는 방식으로 행동한다고 말하는 것이 아니다. 그것은 다만 그것들이 그래야 한다고 말하는 것이다.

이 논란의 여지가 있는 형이상학적 가정은 현대 세계에 대한 아퀴나스의 가장 중요한 공헌들 가운데 하나(법과 도덕에 관한 그의 관점들)의 바로 토대에 있다.

5. 법과 도덕

사람들은 사고 유형들을 지어낼 수 있지만,
하느님 자신은 자연 질서를 배정하셨다.

(토마스 아퀴나스)

만일 앞 장에서의 형이상학에 관한 논의를 우리와 함께 따라 왔다면, 당신은 (어쩌면 그것을 알지 못한 채) 도덕성과 법에 관한 아퀴나스의 매우 영향력 있는 관점들을 이해하는 데 필요한 기초 자료들을 얻은 셈이다. 그것이 어떻게 가능한지를 보기 위해서는 다양한 유형의 법을 논하고 있는 『신학대전』의 부분을 살펴보아야 한다.[27]

---

27. *Summa Theologiue*, I-II, qq.90-95.(*이신남 교수 번역으로 바오로딸출판사에서 곧 출간예정)

아퀴나스에 따르면, "우주의 공동체 전체는 신적 이성에 의해서 통치된다."[28] 그가 의도하고 있는 것은 존재하는 모든 것이 행성들의 움직임에서부터 원자들의 상호작용에 이르기까지 하느님에 의해서 설정된 계획에 따라 행동한다는 것이다. 전능하고 전지하며 전선한 하느님은 돌보시지 않는 것이 하나도 없다. 우리가 제4장에서 논한 것처럼 모든 사물은 어떤 "목적"을 가지고 있다. 예컨대 하느님은 벼룩이 아니라 인간 존재자들을 위한 계획, 모래알을 위한 것이 아니라 천사들을 위한 계획을 가지고 있다는 것이 아니다. '모든' 피조된 사물들은 하느님이 고안한 어떤 계획에 따라 행동한다. 모든 것을 포괄하는 이 계획이 바로 아

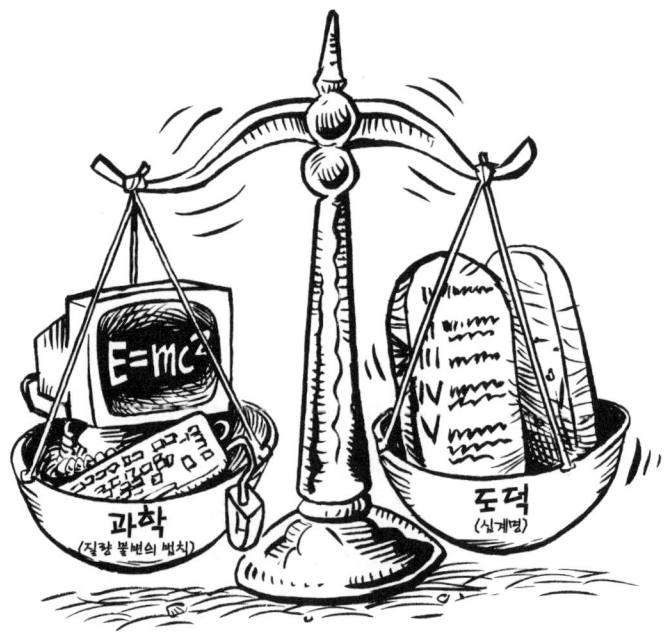

---

28. *Summa Theologiae*, I-II, q.91, a.1.

퀴나스가 "영원법"(lex aeterna)이라고 부르는 것이다.

현대에 우리가 "법"이라는 단어를 사용할 때, 우리는 (최소한) 두 가지 매우 상이한 것들 가운데 하나를 의미할 수 있다. 때때로 우리는 이른바 과학적 법칙들인 중력의 법칙이나 열역학 제2법칙과 같은 것들을 가리킨다. 다른 때에는 "도덕 법칙"이라고 불릴 수도 있을 십계명이나 황금률과 같은 것들을 가리킨다. 아퀴나스에게 영원법은 이런 유형의 법칙들을 둘 다(그리고 상당히 많은 다른 것들을 더) 포함하고 있다는 것을 이해하는 것이 중요하다.

물론, 우주를 위한 하느님의 무한히 복잡한 도식의 세부 사항들을 아는 것은 하느님께만 가능한 일이다. 모든 원자와 각각의 모래알을 위한 목적과 계획을 포착할 줄을 완전하게 알고 있어야 할 것이다. 어떤 인간도, 그가 아무리 영리하다고 해도, 영원법 전체를 다 이해할 수는 없다. '프레이저'(Frasier)라는 시트콤에 나오는 저 에디[Eddie]라는 개[29]조차도 어쩌면 어려운 시기를 맞고 있을 지 모른다.) 게다가 (아퀴나스는 논한다.) 법이 저 대상에게 알려지게 될 때에야 비로소 법은 어떤 존재성과 묶이게 되는 것이다. 예컨대 새로운 교통 법규를 통과시키지만 그 법을 공표하지 않는 법제자는 백성이 그 새로운 법을 따르리라고 기대할 수 없다. 이것은 아퀴나스로 하여금 그 법의 두 번째 대단히 중요한 측면을 논하는 데에로 이끈다. 이성을 통해서 알려질 수 있는 (그래서 사람들에게 알려지고 연결될 수 있는) 무한히 세분화된 영원법의 부분집합을 아퀴나스는 "자연법"(lex naturalis)이라고 부른다.

영원법의 모든 구성 요소들 가운데에서 아퀴나스는 거의 배

---

29. (*역자주): 미국 시트콤에 나오는 아주 영리한 개.

타적으로 자연법에 대해서 논한다. 이것은 오로지 그 정의상 인간이 영원법의 다른 측면들에 대해서 아무것도 말할 것을 가질 수 없기 때문에만 적합하다. 우리는 결코 그 엄청난 규모의 세부 사항들을 포착할 수 없을 것이다. 단적으로 인간의 이성이 부적합한 것이다. 그런데 왜 그것을 시도하며 시간을 낭비한단 말인가?(한 가지 흥미있는 측면: 하느님이 [천상의] 복된 이들에게 수여하는 선물들 가운데 하나는 영원법 전체를 볼 수 있는 역량이다.

이것이 지복직관[至福直觀]이다. 그러나 그때조차도 그것은 이성을 통해서 우리에게 오는 것이 아니라, 하느님의 계시를 통해서 온다.) 우리가 시간을 들일 가치가 있는 (그리고 인류의 건강과 생존에 핵심적인) 것은 우리가 알 '수' 있는 영원법의 저 측면들을 드러내는 것이다. 과학자들이 자기들의 이성을 영원법의 물리적 측면들을 발견하는 데 적용할 때, 우리는 과학의 법칙들에 이르게 된다. 신학자들과 철학자들이 자기들의 이성을 인간 행동의 옳고 그름이라는 쟁점에 적용할 때, 우리는 도덕적 법칙에 이르게 된다.

아퀴나스에 따르면, 여러 가지 방식으로 도덕성을 연구하는 것은 형이상학을 연구하는 것과는 조금 다르다. 이미 살펴본 것처럼, 형이상학의 과제는 어떤 사물의 본질을 규정하는 것이다. 도덕성도 또한 이 본질을 발견하는 일에 관심을 기울이지만, 단적으로 다음과 같이 덧붙인다: 하느님이 만물의 본질의 원천이기 때문에, 우리는 도덕적으로 (어떤 존재성의 본질에 반대되는 저 활동들을 증진시키고 회피하는) 저 활동들을 수행해야 한다. 예컨대, 만일 그것이 참으로 사자로 하여금 사슴을 사냥하는 하나의 [진정한] 사자로 만드는 것의 일부라면, 사자가 자기 희생물을 사냥하는 것을 불가능하게 만드는 것을 사람이 행하는 것은 "잘

못"일 것이다. 그런 활동들은 하느님과 그분의 창조 계획에 반대될 것이다. 만일 우리가 매일 비타민 C 60mg을 요구하는 것이 참으로 우리의 인간으로서의 생리학적 구성의 일부라면, 그때 사람들이 이 요구를 만족하도록 허용하는 여러 방향으로 행동하는 것은 "올바르"거나 혹은 "선"할 것이다. 도덕적 선은 매우 단순하게 하느님에 의해서 창조된 질서와 조화를 이루는(그리고 이리하여 이성과 조화를 이루는) 것이 된다. 도덕적 악은 이 질서에 반대되는 것이 된다.

이 단순한 관념에서는 아퀴나스가 '암흑기'로부터 르네상스로, 그리고 결과적으로는 계몽주의로 이동하게 만든 또 하나의 위대한 공헌이 드러난다. 확실히, 도덕적 진리들이 성경 안에 포함되어 있다고 아퀴나스는 말한다. 우리는 십계명을 위해서, 그리고 이웃 사랑과 다른 뺨을 돌려대라는 등의 중요한 계명을 위해서 성경을 참조할 수 있고 또 참조해야 한다. 그러나 우리는 또한 이(그리고 다른) 도덕적 진리들을 다른 대안적 경로, 곧 이성을 통해서도 발견할 수 있다. 만일 누가 이성을 통해서 하느님의 자연법을 마음 속에 새기고 그것에 일치되게 행동한다면, 그는 도덕적으로 올바른 길에 들어서 있다. 만일 누가 이성에 반대되게, 따라서 하느님의 자연법에 반대되게 행동한다면, 그는 도덕적으로 틀렸다.

실상 아퀴나스에 따르면, 도덕적 선을 추구하는 이 과정에서는 우리가 제2장에서 논의한, 인간이 소유한 중심적인 두 가지 지성적 기관들, 곧 지성과 의지가 필요하다. 비경험적 진리들로 이끌리는 직관적 기관(機關, facultas)인 '지성'은 어느 특정 상황에서 적절한 '목적'을 발견한다. 예컨대, 지성은 개인에게 '선은 행하고 증진시켜야 하며, 악은 피해야 한다'는 지식을 제공한다. 이것은 그 자체로는 경험적 증거에 의해서 확립될 수 없는, 이른

바 제일 원리(곧 하나의 '의무')이다. 감각적 또는 경험적 소여(所與)들로부터 전개하는 '이성'은 점차 실천적 경험에 대한 분석을 통하여 우리에게 문제의 목적에 도달할 수 있는 최선의 '수단'을 말해준다.[30] 우리가 예컨대 거짓말의 특수한 순간들의 결과들을 검토할 때, 선은 증진되지 않는다. 이성은 거짓말이 선을 위한 초라한 수단이라고 규정한다.

여기에 아퀴나스 자신이 제공하는 예가 있다. 아퀴나스의 도덕에서 한 가지 중심 진리는(이것은 그의 정치적 관점들에서도 중심적이다) 인간 존재자들이 공동으로 살 때에야 비로소 충만히 완성된다는 것이고, 그런 완성이 바로 추구되어야 하는 선이라는 것이다. 우리는 이것이 참되다는 것을 어떻게 아는가? 지성과 이성의 결합을 통해 알 수 있다. 언어, 교제, 사회 생활을 누리는 사람이 은수자보다 "더 나은" 실존 형식을 살고 있다고 판단을 내리는 데에는 지성이라는 직관적 기관이 요구된다. 이것은 어떤 경험적 증거의 축적만으로는 확립할 수 없는 가치 판단이다. 일단 이 사실이 확립되면, 그리고 그와 함께, 추구되어야 할 목적 또는 목표가 설정되면, 도덕적 질문은 다음과 같이 된다: 사람은 어떤 수단을 통해서 사회 안에서 산다는 이 목적을 가장 잘 추구할 수 있는가? 여기서는 경험적 기관인 이성이 비톤을 이어받는다. 이성은 세상을 둘러보고 이 질문에 대한 다양한 응답들과 그 결과들을 분석하고 그 목적에 이르는 최상의 경로 또는 '수단'을 결정한다. 이성은 예컨대 농구 구단에서 남들과 공동으로 함께 살고 일하는 데니스 로드먼(Dennis Rodman)의 접근법을 살피고, 그것을 마이클 조던(Michael Jordan)의 접근법과 비교한다. 그것은 한편으로는 까탈스러움과 자기과시와 다른 한편으

---

30. *Summa Theologiae*, I-II, q.94, a.2.

로는 협력과 자기희생이 얼마나 사회적 선에 기여하거나 그것을 손상시키는지를 검토한다. 이성을 잘 사용한다면, 결과는 자연법의 일부인 윤리적 결론들이다. 이리하여 더불어 살아야 하는 동료들을 불필요하게 모욕하는 것을 피하는 것이, 아퀴나스에 따르면, 하나의 단순한 도덕적 명령이 된다. (데니스, 미안해.) 만일 우리가 사회 안에서 완성되어야 한다면, 우리는 남들과 사이좋게 지내야 한다. 이것은 거의 세상을 뒤흔들 만한 도덕적 통찰은 아니지만, 아퀴나스에 따르면 이성과 지성이 어떻게 함께 자연법을 발견하는지에 대한 중요한 역학기제를 조명해준다.

그가 서구 사상에 영향을 미친 다른 많은 변화들과 마찬가지로, 우리가 어떻게 도덕적 진리들을 발견하는 일에 착수하는지에 대한 아퀴나스의 묘사도 현대적 기준에 의하면 혁명적이기까지 한 것은 아닌 것처럼 보인다. 그것은 거의 전통적인 것처럼 보인다.(이에 대한 한 가지 이유는 아퀴나스가 전통을 '형성'하는 데 중대한 영향력을 미쳤다는 점이다.) 결국 그는 이성의 발견들이 성경의 도덕적 단언들과 모순되리라고 시사하지 않는다. 정반대이다. 아퀴나스는 성경이 흠없는 도덕적 진리들을 제시하고 있고, 그러한 것으로서 결코 이성에 의해서 올바르게 도출된 그 어떤 도덕적 결론들과도 모순되지 않는다고 확신하고 있다. 그렇지만 아퀴나스가 윤리학에 "자연법"을 도입한 함의들은 멀리까지 영향을 미친다.

한 가지 때문에 그의 자연법 이론은 인간 조건에 관하여 어떤 낙관주의를 드러내고 있다. 이 낙관주의는 아퀴나스의 시대에는 새로운 것이었지만, 오늘날에는 현대를 규정짓는 특성이 되었다. 아퀴나스는 선을 추구하는 것이 바로 우리의 본성이라고 말한다. 우리는 선한 자연적 경향을 가지고 있고, 우리로 하여금 그 선을 발견하도록 도와줄, 하느님이 선물해 주신 (이성과 지성과 같은) 온갖 종류의 도구들을 가지고 있다.

이와는 대조적으로, 중세의 (그리고 오늘날의) 많은 그리스도인들에게 인간 존재자의 가장 두드러진 특성은 그들의 죄스러움이다. 우리는 비열하고 악하기에, 우리를 홀로 그대로 내버려두게 되면, 죄스러운 행위들을 추구할 것이다. 가장 영향력 있는 교부 아우구스티누스는(354-430)은 『고백록』(Confessiones)에서 이렇게 말한다. "저는 어린애가 시샘하는 것을 목격하고 겪었습니다. 아직 말도 할 줄 모르는 터에, 자기 젖을 함께 먹는 아이를 보고서는 새파래지면서 잔뜩 찌푸린 얼굴로 쳐다보는 것이었습니다."[31] 이것이 바로 아담의 죄에 대한 증거라고 아우구스티누스는 우리에게 말해준다. 그리고 그 죄는 그 어린 생명이 어머니 태중에서 빠져나오기도 전에 벌써 그를 절망적으로 부패시킨다. 이 전망은 많은 그리스도인들을 설득하여, 그들의 유일한 희망은 교회를 맹목적으로 아무런 문제제기 없이 따르는 것이라고 믿게 만들었다.

그러나 아퀴나스에게는 아담의 죄가 대단히 실제적이기는 하지만, 그 결과가 그토록 파괴적이지는 않았다. 원죄가 우리의 한때 순수했던 이성을 부패시켰기 때문에, 우리는 때때로 선을 향한 그릇된 수단을 선택하게 되고, 마침내 악을 저지르는 것으로 끝난다. 그러나 (아우구스티누스의 설명에서와는 달리) 선은 아직도 우리가 추구하는 대상이다. 아퀴나스는 말한다. 설사 "괴물"일지라도 평화나 안전과 같은 선한 것들을 추구한다. 그는 단지 그의 결함있는 이성 때문에 저 목적으로 인도할 그릇된 수단을 선택하는 것뿐이다. 사람들이 선하다는 것, 그들이 보통은 신뢰

---

31. Augustinus, *Confessions*, New York, Penguin Books, 1961, I, c.7, p.28(성염 옮김, 경세원, 2016, 65쪽).

할 만하다는 것, 그들이 진리를 발견하려는 경향과 역량을 둘 다 지니고 있다는 것, 아퀴나스가 제시한 이 모든 것들은 나중에 계몽주의의 품질증명서가 될 것이다.

아퀴나스의 자연법 이론 도입이 그토록 혁명적이었던 두 번째 이유는 그것이 모든 사람들로 하여금 도덕적 쟁점들을 논의할 수 있게 해주는 공통의 기초를 제공해주기 때문이다. 유럽의 그리스도교가 이슬람교도들과 유다교도들을 (그리고 결국은 세속 세계를) 만났을 때, 더 이상 윤리적 논쟁을 해결하는 데 신약성경의 가르침들은 도움이 되지 못했고, 보다 공통적이고 좀더 보편적인 어떤 것이 필요했다. 아퀴나스가 말하는 것처럼, "그러므로 자연법의 공통적인 제일 원리들은 그 타당성과 인정에

있어서 모든 이들 사이에 똑같다."[32] 모든 사람들의 "마음에 새겨져 있는" 자연법은 윤리에 대한 공통의 언어를 제공하였다. 곧 보게 되겠지만, 그것은 결과적으로 국제법의 탄생에 크게 기여하였다.

자연법의 엄청난 영향의 세 번째 이유는 그것이 그리스도인들 자신들에게 성경에서 논의되지 '않은' 도덕적 쟁점들에 대해 주해를 할 수 있는 역량을 가져다주었기 때문이다. 만일 누가 (예컨대 현대의 많은 그리스도교 근본주의자들이 주장하듯이) 유일한 도덕적 진리들이 성경에서 명시적으로 제시되는 것들이라는 접근법을 택한다면, 핵무기, 인공수정, 인간복제 등 성경에서 결코 명시적으로 언급된 적이 없는 모든 쟁점들의 도덕성은 도대체 어떻게 다루어야 한단 말인가? "오직 성경만으로!"(sola fide!)라는 루터의 유명한 구호를 추종하는 많은 현대의 개신교 신자들은 "새로운" 도덕적 쟁점들, 성경에서 언급되지도 않고 선취되지도 않는 쟁점들을 마주하게 되면, 침묵에 빠지게 된다. 다른 이들은 침묵과는 거리가 멀지만, 이 쟁점들에 대한 자기들의 강력한 견해들을 지지해줄, 문제점 투성이의 성경 구절들만 장황하게 제공할 뿐이다.

이와는 대조적으로, 현대의 로만 가톨릭 신자들은 수십 년 동안 의료 윤리나 핵 윤리와 같은 도덕적 쟁점들을 논의하는 데 있어서 그리스도인들 가운데에서 주도권을 잡을 수 있었다. 어떻게? 한 마디로 아퀴나스 덕분이다. 이성을 도덕적 진리에 이르는 한 대안적 수단으로 도입함으로써 아퀴나스는 가톨릭 그리스도인들에게 성경에서 고찰되지 않은 쟁점들을 다룰 수 있는 수단을 제공하였다.

---

32. *Summa Theologiae*, I-II, q.94, a.4.

한 가지 예가 환경 문제이다. 성경은 인간 존재자들과 하느님의 창조 사이의 관계를 일반적 용어로 표현하고 있지만, 성경이 형성되던 시대에는 우리가 21세기에 직면하고 있는 것과 같은 심각한 환경 문제들에 대해 거의 깨닫지 못했다. 자연은 그저 "정복"의 대상이고, 동물들은 사냥의 대상이었다. 동물들이 사냥되고 정복되어 멸종에 이를 수도 있다는 데까지는 생각이 미치지 못했다. 이와는 대조적으로 도덕성에 대한 아퀴나스의 자연법적 접근은 오늘날의 인간과 환경의 상호 작용에 깊은 함의들을 담고 있다. 만일 윤리 일반의 요점이 창조의 각각의 측면(인간, 사자, 물고기, 나무 등)의 본질을 발견하는 것이고, 그 본질의 개화(완성)를 증진시키는 활동들을 추구하는 것이라면, 아퀴나스는(그리고 그의 자연법적 접근법은) 현대의 "녹색 운동"의 철학적 조상으로 간주될 수 있을 것이다. 만일 평원에서 영양들을 사냥하는 것이 사자의 본질에 속한다면, 사자의 서식지를 포기하지 않는 것이 좋다. 그것을 포기하는 것은 자연법과 하느님에 대한 폭력이 될 것이다. 알을 낳는 것과, 그리하여 회색곰과 북서태평양의 다른 피조물들의 먹이를 제공하는 것이 연어의 본질에 속한다면, 우리 인간들은 이 과정 전체를 보호해야 할 의무를 지고 있다. 물론 당신이 아퀴나스가 '윤리적-동물-대하기 운동'(PETA: People for the Ethical Treatment of Animals)의 회원권 소지자라고 생각하지 않는다면, 그가 하느님이 창조하신 많은 동물들의 목적 가운데 사람을 위한 음식 역할을 하는 것도 포함되는 것으로 간주하였다는 사실이 지적되어야 할 것이다. 결과적으로 사냥은, 적어도 자연법에 대한 아퀴나스 자신의 적용에 따르면, 단호히 선한 것이 된다. 그러나 여기서조차도 한계가 있나: 사냥은 그 노획물을 음식이나 [그에 준하는] 어떤 다른 선으로 이용할 때 자연법과 일치되는 것이다. 만일 사냥을 스포츠로

여기고 거기에 가담한다면(곧, 순전히 즐기기 위한 것이라면), 그것은 반드시 선은 아니다.

물론 아퀴나스는 결코, 오늘날 우리가 직면하는 것과 같은 범위의 현대적 문제들을 다룰 수 있을 정도로, 명시적으로 그의 자연법적 입장을 어엿한 환경 이론으로 발전시키지는 않았다. 물론 그것이 정확히 나의 요점이다. 하지만 자연법은 새롭게 발생하는 쟁점들을 다루기에 충분한 유연성을 지닌 도덕적 접근법을 제공한다.

이것은 동물의 권리뿐만 아니라 인간의 권리에 대해서도 마찬가지이다. 역사상 가장 혁명적인 말 가운데 하나는 "우리는 모든 사람이 평등하게 창조되었다는 진리가 자명하다고 주장하는 바이다."이다. 토마스 제퍼슨(Thomas Jefferson)이 '독립선언문'을 시작하는 이 유명한 문장을 쓸 때, 그는 명시적으로 아퀴나스가 부각시키는 데 크게 기여한 저 자연법 전통에 호소하고 있었다. 제퍼슨이 식민지 주민들에 대한 조지 왕(King George)의 과세에 대해 불평한 것은 성문법 조문(이른바 실정법)에 대한 반대가 아니었다. 영국인들은 자기들이 식민지 주민들에게 세금을 부과할 권리를 가지고 있다는 성문법을 지적할 수 있었지만, 제퍼슨은 법전이나 심지어 성경에 저허 있는 어떤 법에 호소한 것이 아니라, 오로지 "사람들의 가슴에", 그들의 이성에 호소했다. 그는 아주 명백히 자연법에 호소한 것이다. 오늘날 자연법은 비단 미국의 통치 형식의 토대에 있는 도덕적 원리들의 기초일뿐만 아니라 또한 국제연합(UN)의 '인권선언'(Declaration of Human Rights), '뉘른베르크 전쟁 범죄헌장'(Nuremberg War-Crimes Codes), 그리고 '제네바 협약'(Geneva Convention) 등과 같은 현대의 도덕적 문헌들의 기초이기도 하다. 이 문헌들은 종교적 텍스트에 호소하는 것이 아니라, 모든 사람들이 각자의 이성을 통해서 보편적으로 접근할 수 있고 그 누구에 의해서도 절대로 침해되어서는 안 되는 어떤 도덕적 법칙에 호소하고 있다. 각각의 경우에 법전들은 아퀴나스의 자연법 개념에 상당히 가까운 어떤 것에 호소하고 있다.

    이어지는 장들에서 우리는 아퀴나스의 자연법적 접근이 성, 전쟁, 정치 등 몇 가지 대단히 중요한 도덕적 쟁점들에 관한 우리의 현대적 태도들을 어떻게 형성해 왔는지를 살펴볼 것이다.

6. 성에 관한 모든 것

 아퀴나스가 도덕적 진리를 무엇이라고 믿는지를 확립하는 데 자연법을 사용한 가장 매혹적인 사례들 가운데 하나는 인간의 성(性, sexuality)에 관한 논의이다. 아퀴나스가 성에 관한 현대의 서구 개념 방식들에 대해 아우구스티누스를 제외하고는 다른 어느 사상가보다도 더 (그렇다. 심지어 '마돈나'보다도 더) 깊은 영향을 미쳤다고 말하는 것은 결코 과장이 아니다. 여기에는 좀 아이러니한 면이 있다. 우리가 논의를 시작하면서 살펴본 것처럼, 그의 생애 전체에 걸쳐서 아퀴나스는 결코 성에 연루된 적이 없었지만, 성에 관한 그의 관점들은 오늘날 아직도 상당수의 논의를 규정하고 있다. (그렇다면 [성관계를] 할 수 있는 사람들은 실제로 행하지만, 할 수 없는 사람들은 '가르치는' 것인가?)
 하느님의 '자연법'이 성에 관해 말하는 것이 무엇인지를 규명하려 시도하면서 아퀴나스는 우선 성의 목적이 무엇인지를 묻는다. 한 가지 대답을 위해서 다음 성경 구절을 참조할 '수' 있을 것이다: "자식을 많이 낳고 번성하여라"(창세 1,28). 그러나 이것은 정확히 무엇을 의미하는가? 우리는 언제나 모든 성행위에서 '출산'을 추구해야 하는가? 우리는 독신을 지키면서도 성경에 충실할 수 있는 것인가? 어떻게? 출산 조절은 받아들일 수 있는가? 시험관 출산에 관해서는 어떤가? 아퀴나스는 이렇게 생각한다. 다행히도 우리는 이런 질문들에 대해 답변하는 데 쓸 수 있는 부가적 자원을 가지고 있다. 우리는 우리의 이성을 통해서 성을 위한 하느님의 계획을 발견할 수 있다. 우리는 하느님이 우리에게 제공한 지성적 기관들을 사용하여 "왜 성이 있는지?"를 물을 수 있다.

아퀴나스에게 있어서 이성은 이 중요한 질문에 대해 삼중의 대답을 가지고 되돌아온다. 첫째, 성은 출산을 목적으로 하는 것이다. 우리의 이성은 우리에게 한 남자와 한 여자가 성행위 안에서 결합될 때, 그들은 생리학적으로 함께 "어울리는" 것이고, 그 결합은 자손의 잠재적 출산을 낳는 것임을 밝혀준다. 아퀴나스는 이렇게 논의를 전개한다. 분명 하느님이 성을 창조한 것은 우연이 아니라 바로 그렇게 의도한 것이었다. 출산은 성의 '본질'의 일부이다. 아우구스티누스와 같은 일부 그리스도인들은 이 출산이라는 목적을 성에 대한 하느님의 유일한 목적으로 간주한다. 그러나 아퀴나스는 동의하지 않는다. 그는 성행위에 대한 어떤 합리적인 관찰자도(나는 여기서 아퀴나스가 말하자면 어떤 관음증환자였다는 것을 함축하고 있는 것이 아니다) 성의 두 번째 목적이 남편과 아내를 하나로 결합시켜 주는 것임을 인정해야 할 것이라고 논의를 편다. 성은 자손을 출산할 잠재력을 보유하고 있기만 한 것이 아니다. 그것은 또한 두 사람을 사랑의 유대 속에 서로 더 가까워지도록 만드는 데 기여한다. 아퀴나스는 묻

는다. 이것 또한 하느님이 성을 만들 때 하느님 계획의 일부이지 않았을까? 다시 말해 성의 '본질'의 일부가 아니었을까? 이것이 전부가 아니다. 아퀴나스에 따르면, 성에는 또 하나의 창조된 목적이 있다. 성은 종을 보존하고 결혼을 강화시켜 줄 뿐만 아니라, 그 참여자들에게 커다란 쾌락을 제공하기도 한다. 그렇다면 이 쾌락도 역시 하느님의 신적 계획의 일부이다.

이 주장들은 현대의 독자들에게는 당연하게 보일지 모르지만, 당시에는 대단히 급진적인 사상이었다. 대단한 영향을 미치던 아우구스티누스는 아퀴나스의 시대에 받아들여지고 있던 성에 관한 주도적인 그리스도교적 이해를 일찍이 확립해 놓았다.

아우구스티누스는 자신의 위대한 작품『신국론』(De civitate Dei)에서 에덴 동산에서 타락하기 전에는 성이 순전히 이성적인 일이었다고, 물을 마시는 것과 전혀 다르지 않았다고 논했다.[33] 그것들은 둘 다 개인과 종의 존속을 위해 필요한 행위들이었다. 그것들은 아주 당연한 일로서 수행되었다. 인류가 출산이 필요해졌을 때, 남성은 '성기여 일어나라!'하고 명령할 것이고(나는 데이비드 쿠퍼필드가 언젠가 라스 베가스(Las Vegas)에 있는 미라시(Mirage)[호텔]에서 이 기지를 발휘하는 것을 본 것으로 생각한다), 이어서 자기 배우자와 함께 이 이성적이고 냉정한 출산 행위를 이행할 것이다. 아우구스티누스에 따르면, 타락과 더불어 격정[또는 정념]과 쾌락이 성행위 안에 들어왔다.

---

33. 성에 관한 아우구스티누스의 관점들에 대한 흥미있는 논술을 보기 위해서는: Cf. Elaine Pagels, *Adam, Eve, and the Serpent*, New York, Vintage Books, 1988, pp.105-114.

불행히도 아담과 하와는 너무도 빨리 죄에 떨어지는 바람에 그 걱정 없는 형식의 성행위를 실행해볼 기회를 갖지 못했다. (걱정이 없는 성행위는 오로지 나중에야 오게 될 것이다. 우리는 오늘날 그것을 '결혼'이라고 부른다.) 하느님께 대한 그의 불복종에 대한 벌로서 아담의 성기관들은 그의 이성적 통제를 벗어나게 되었고, 걱정의 변덕에 내맡겨지게 되었다. (『신국론』에서 아우구스티누스가 자신의 지체에 대해 표현한 것의 거친 번역: "그것은 자기 나름의 정신을 가지고 있다.") 성행위는 결과적으로 죄에 물들게 되었고, 자기 사랑의 행위들로 바뀌었다. 다시 말해, 사람들은 출산을 위해서가 아니라 자기 자신의 이기적 바람들을 충족시키기 위해 성(행위)을 원한다. 실상 아우구스티누스는 성이(그리고 좀더 특별히 남성의 정자가) 실제로 한 세대에서 다음 세대로 이어지는 원죄의 전이의 통로가 된다고 말한다. (그렇기 때문에 예수는 남자에게서가 아니라 여인에게서 태어난다. 아우구스티누스는 말한다. 예수가 원죄에 물들지 않고 태어나기 위해서 남성의 정자 없이 수태되었어야만 했다.) 아우구스티누스에 따르면, 이러한 것이 바로 아담과 하와의 비참한 유산이고, 오늘날 성행위에서

의 쾌락의 교활한 역할이다.

　무의미하다고 아퀴나스는 응수한다. 쾌락이 성행위의 설계된 목적, [곧] 하느님에 의해서 제공된 목적의 일부라는 것이 분명하다. 이 쾌락에 참여하는 데에는 죄가 없다. 오히려 죄는 그렇게 하지 않는 데 있다. 쾌락을 추구하고, 거기 가담하라. 그것은 성을 위한 하느님 계획의 일부이다. 그는 이렇게 말한다. "성행위에서 경험되는 지나친 쾌락은, 이성과 조화를 이루는 한에서, 덕의 균형을 파괴하지 않는다."[34] 이것이 거의 요란한 보증과 같은 것일 수는 없겠지만, 아우구스티누스의 어두운 초상화에 견주어 볼 때에는 진정한 쾌락주의의 선언이라고 할 수 있겠다. 아퀴나스는 말한다. 유일한 제한은 사람이 또한 동시에 성행위에 설계된 다른 측면들, 곧 번식과 결합도 충족시키려고 노력해야 한다는 것이다. 쾌락을 추구하라, 그러나 또한 번식과 배우자와의 결합도 추구하라. 쾌락은 오직 성의 다른 목적들을 지나치게 가리고 지나친 목적이 될 때에 비로소 성행위 안에서 죄스럽게 된다.

　그래서 (적어도 전통 가톨릭에서 아퀴나스를 해석한 것처럼) 성으로부터 합리적으로 유래된 세 가지 목적이 있다. 그러나 이 세 가지 목적이 모두 모든 각각의 성행위에서 추구되어야 한다는 점에 주목해야 한다. 이것이 핵심 요점이고, 곧 보겠시만, 아퀴나스(그리고 일반적인 로만 가톨릭)의 관점들을 다른 많은 그리스도교 학자들의 관점들로부터 구별하는 데 도움이 된다. 이 요점은 또한 성범죄에 관한 아퀴나스의 대단히 영향력 있는 관점들을 이해하는 데에도 핵심이 된다. 어떻게 그런지 잠시 살펴보기로 하자.

---

34. *Summa Theologiae*, I-II, q.153, a.2: in *Homosexuality and Ethics*, ed. Edward Batchelor, New York, Pilgrim Press, 1980, pp.39-47.

 만일 자연법이 (일반적으로) 우리가 피조된 각 사물의 본질을 추구해야 한다고 명한다면, 그리고 성은 삼중의 본질을 지닌 것으로 창조되었다면, 우리는 성의 이 목적들로부터 일탈할 때마다 죄를 짓는 것이다. 더욱이 아퀴나스는 성범죄가 저 목적들로부터 얼마나 멀리 일탈하고 있는지를 지적함으로써 우리가 그것이 얼마나 심각한지를 합리적으로 결정할 수 있다고 논한다. 가벼운 일탈은 가벼운 죄이고, 중대한 일탈은 중죄가 된다.『신학대전』에서 아퀴나스는 성범죄들에 대해 매력적이고 대단히 영향력이 높은 등급을 도입한다. 그것을 살펴보기 전에 두 가지 조심할 것(caveats)이 있다. 첫째, 이 부분은 13세 이하 시청금지 등급이다. 즉 13세 이하의 어린이들은 부모나 보호자나 마돈나를 동반해야 한다. 둘째, 아퀴나스의 등급매김은 오로지 우리가 아퀴나스가 암시는 하지만 결코 명시적으로 언급하지 않는다는 한 가지 점을 덧붙일 때에야 비로소 의미가 있다. 우리가 논의한 성(행위)의 세 가지 목적은 중요성과 연관지어 질서화되어야 한다: 임신은 가장 중요하고, 남편과 아내의 결합은 두 번째로 중요하며, 쾌락은 그보다 덜 중요하다. 이 경고(caveats)를 염두에 두고, 여러분 가운데 13세 이상인 분(오케이, 오케이, 그래요, 여러분 모두!)은 아퀴나스의 등급에 따라 계속할 수 있다.

가장 덜 심각한 성범죄는(그럼에도 불구하고 중죄이기는 하지만) 결혼 전 한 남성과 역시 결혼 전의 한 여성 사이의 간음(fornicatio)(오늘날의 용어로는 '혼전성관계')이다. 이것은 왜 죄인가? 쾌락이 추구된다. 그래서 역시 출산이 '가능할 수' 있다. (우리는 1분 만에 출산 조절제를 사용하는 결혼하지 않은 (그리고 결혼한) 커플의 경우에 이르게 된다.) 간음의 문제는 그것이 성(행위)의 세 번째 목적을 충족시키지 않는다는 점이다. 물론 이 커플이 결혼하지 않았기 때문에 커플 사이의 사랑의 결혼 유대는 강화시켜 준다. 그것은 세 가지 목적 가운데 하나를 충족시키지 못하기 때문에, 간음은 죄이고 반드시 피해야 한다.

두 번째로 심각한 성범죄는 간통(adulterium)이다. 간통이 왜 간음보다 더 심각하단 말인가? 간통을 저지르는 쌍방(커플)은 분명 성행위에서 쾌락을 추구한다. 그들은 출산을 추구할 수 있다. 적어도 물리적으로는 그런 것이 가능하다. 그러나 간통의 경우에는 결합의 목적에 대한 폭력이 간음의 경우보다 더 크다. 간통의 경우에 두 당사자 가운데 적어도 하나는 그 정의상 다른 사람과 결혼한 상태이다. 간통 행위는 이리하여 성행위에 가담하고 있는 커플의 결혼을 강화하는 것이 아닐 뿐만 아니라(그들은 결혼한 것이 아니기 때문이다), 또한 간통자와 그의(또는 그녀의) 배우자 사이에 존재하는 결혼 유대도 훼손하기 때문이다. 간통은 더 나아가 간음보다도 더 성행위를 일그러뜨리기(deformitas) 때문에, 더 무거운 죄이다.

　간통보다 더 심각한 성범죄는 강간(raptus)이다. 왜냐하면 그것은 성(행위)의 세 가지 목적 가운데 두 가지를 침해하기 때문이다. 강간의 경우에, 출산은 가능한 데 반해, 결합과 쾌락이라는 두 가지 목적은 파괴한다. 강간이라는 폭행의 경우에 (적어도 이론상) 출산을 제외하고는 다른 목적들은 충족되지 않는다.
　간음, 간통, 그리고 강간은 모두 아퀴나스가 "올바른 이성을 거스르는 죄"라고 부르는 것들이다. 그는 만일 사람이 자신의 이성을 적절하게 사용하고 있다면, 설령 그가 성경에서 이것들이 옳지 못하다고 가르치는 것을 읽지 않았다고 하더라도, 그는 이 세 가지 행위들을 모두 피해야 한다는 것을 알 것이라고 생각한다. 그렇지만 아퀴나스의 논리에 따르면, 이 세 가지는 최악의 성범죄들이 아니다. 이제껏 논의해온 이 성행위들은 모두 출산의 잠재력을 간직하고 있다. 남자와 여자가 함께 결합하여 생리적으로 출산이 가능한 방식으로 성행위를 하고 있다. 그리고 이 출산은 결국 성행위의 일차적 목적이라고, 아퀴나스는 논하고 있다.

"올바른 이성을 거스르는 죄"보다 훨씬 더 심각한 것이 자위행위(masturbatio), (동성애를 포함한) 남색(男色, sodomia), 그리고 수간(獸姦, bestialitas)과 같은 "본성을 거스르는 죄들"이다. 이러한 행위들을 범하는 자들은 모두 성의 가장 중요한 목적인 출산을 침해하는 죄를 저지르고 있다.

첫 번째 부류의 성범죄자들의 경우와 마찬가지로, 아퀴나스는 우리에게 이 두 번째 부류도 그 심각성의 관점에서 등급을 매길 수 있다고 말한다. 자위행위는 이 세 가지 죄 가운데 그 심각성이 가장 가볍다. 그것은 쾌락은 주지만, 출산을 할 수도 없고, 정신분열증의 경우를 예외로 친다면(그러나 이 경우는 다른 이야기이다.), 부부 결합에 도움이 되는 것도 아니다. ("결합이 수중에 있는가?"[Is Unity at Hand?]라는 주제에 관한 나의 첫 번째 작품을 참조하라.) 아퀴나스의 관점들의 또 다른 이상한 함의에 주목하라: 자위행위는 간음, 간통, 그리고 심지어 강간보다도 더 심각한 성범죄가 된다. 왜? 왜냐하면 성(행위)의 가장 중요한 두 가지 목적(출산과 부부의 결합)이 자위행위로 훼손되기 대문이다. 오로지 쾌락 척도만 만나게 된다. 그 행위는 더 나아가 겁탈보다도 더 성(행위)의 본질로부터 벗어난다.(공정하기 위해서는, 강간이 단순히 성범죄이기만 한 것이 아니라 폭력 행위이기도 하다는 것이 아퀴나스의 설명이라는 점이 지적되어야 한다. 이리하여 모든 면을 다 고려하게 되면, 아퀴나스는 강간을 하는 것이 자위행위를 하는 것보다 더 나쁘다고 주장하겠지만, 그렇더라도 자위행위가 더 심각한 '성'범죄이다.)

어쩌면 당신은 이제 왜 로만 가톨릭이 다른 많은 그리스도교 종파들보다 더 역사적으로 자위행위에 대한 강력한 반대자였는지를 보기 시작할 수 있다. 성경은 이 주제에 대해 거의 혹은 아무것도 말해주지 않는다. (어떤 사람들은 창세기 38장 1-10절에 나오는 오난(Onan)의 죄가 그 행위와 연결된다고 주장한다.) 많은 개신교 종파들은 오늘날 자위행위를 정상적인 것으로, 심지어는 건강한 것으로까지 간주한다.(좋다. 대부분의 개신교 종파들은 그것에 대해 전혀 아무 말도 하지 않기를 선호한다. 그렇지만 '그것'조차도 의미를 지니고 있다.) 그러나 공식 가톨릭 가르침은 자위행위에 대해 말하고 있고, 오늘날에는 그것을 도덕 법칙에 대한 심각한 침해로 간주한다.(그 행위의 위험성에 대해 교육을 받은 주일학교 어린이들은, 비록 소수이기는 하지만, 내가 알기로는, '실제로' 맹목적으로 따랐다.) 아퀴나스는 이 역사에서 중요한 인물이다.

오늘날은 가톨릭 신자들도 인공 수정 실천을 반대하는 데 있어서, 그리고 남편이 정자 기증자이고 바로 자신의 아내가 수용자인 경우에 있어서도, 그리스도인들 가운데 소수 편에 서있다. 무엇이 많은 기혼 부부들에게 아기를 임신할 유일한 희망을 주는 과정에 대한 도덕적 불평일 수 있을까? 짧은 대답은 바로 아퀴나스의 자연법 논거에서 찾을 수 있다. 인공 수정을 위한 정자는 자위행위에 의해서 산출되는데, 정자는 (우리가 방금 살펴본 것처럼) 가톨릭의 셈법에 따르면, 자연법에 대한 심각한 침해이다. 기술적 전망에서 인간을 위한 막연한 가능성을 복제함으로써, 이것이 자위행위에 대한 가톨릭의 논거에 영향을 미치는지 살펴보는 것이 흥미로울 것이다. 만일 그것이 단지 새로운 인간 생명을 "회임하기" 위해 하나의 인간 세포를 취하는 것이라면 (그리고 정자와 난자를 결합시키는 것이 아니라면), 사람은 자위행위에서 출산적 의도를 가질 수 있는가? (채널을 고정하시라.)

자연을 거스르는 죄로서 자위행위보다 훨씬 더 심각한 것이 남색(sodomia)이다. 동성애는 자위행위처럼 성행위의 출산적이고 결합적인 기능들을 둘 다 침해한다(오로지 쾌락의 목적만 충족시킨다.) 그러나 자위행위와는 달리 동성애는 혼자가 아니라 두 당사자가 있어야 가능하고, 따라서 "이중으로" 비도덕적이다. 현대의 독자들은 아퀴나스가 동성애를 단죄할 때 단순히 동성애 행위들에만 반대하는 것이 아님을 배우게 되는 것에 놀랄 것이다. 이성 커플들 사이의(심지어는 남편과 아내 사이의) 동성애적 행위들도 역시 준엄하게 단죄되고 있다. 어떤 소도미아(sodomia)적 행위들은 남편과 아내를 사랑으로 결합시켜 줄'지도' 모르지만(아퀴나스는 이 주장에 대해 매우 강한 의구심을 드러낼 것이다), 그것들 가운데 어떤 것도 임신으로 인도하지 않는다. 이리하여 그것들은 모두 확실하게 "자연을 거스르는 죄"이다.

아퀴나스의 자연법 논거는 여기서 로마 가톨릭에서 벌이는 '출산 조절'에 대한 유명한 반대를 이해하는 데 핵심적이다. 합법적 결혼의 유대 안에서조차도 출산 조절법을 사용하는 것은 가톨릭 교리에 따르면 자연법에 대한 (결코 작지 않은) 심각한 침해이다. 실상 출산 조절은 소도미아의 도덕적 등가물이 되고, 어디까지나 심각한 죄가 된다. 이제 우리는 그 이유를 알 수 있다. 각각의 경우에 당사자들은 출산의 목적을 의도적으로 침해하는 성행위를 하고 있는 것이다.

물론 아퀴나스의 논거들은 여기서 또한 동성애에 대한 로마 가톨릭과 다른 현대적인 반대에 관해 많은 할 말을 가지고 있다. (출산 조절에 관한 아퀴나스의 자연법 논거들은 예컨대 대부분의 개신교도들에 의해서 배격되었는 데 반해, 동성애에 관한 그의 논거들은 그렇지 않다.) 아퀴나스의 도식에서 모든 동성애적 행위들은 그 어떤 것도 임신에 이르지 못하기 때문에, "자연을 거스르는 죄"가 된다. 아퀴나스는 또한 이런 행위들이 결합적일 수도 없다고 느꼈다. 왜냐하면 합쳐지게 된 그 커플은 하느님의 눈앞에 결혼한 것도 아니고 또 결혼한 것일 수도 없기 때문이다. 도움이 되는 유일한 목적은 쾌락뿐이다.

동성애에 대한 이런 묘사들은, 좋든 나쁘든, 지속적인 영향을 미친다. 그것들은 아직도 그 주제에 대한 많은 현대적 논쟁을 형성하였다. 얼마나 자주 동성애 반대자가 그 행위를 단적으로 "비자연적"이라고 단죄하는, 그리하여 끔찍하게 잘못된 말을 들었는가? 상당한 정도로 아퀴나스는 이 연합의 원천이다. 그러나 놀랍게도 아퀴나스의 논거들은 최근 현대의 그리스도교 신학자들에 의한 여러 동성애 '옹호'에 문을 열었다.

예컨대 로버트 우드(Robert Wood)는 만일 동성애가 유전적으로 결정된 것으로 보여질 수 있다면, 만일 동성애가 그렇게 타고난 어떤 것이라면, 그것은 그 가장 기본적인 의미에서 "자연적"

인 것처럼 보일지도 모른다고 제언한다. 하느님의 창조 계획의 일부로서 그것은 거의 마치 신적인 것이 아닌 것처럼 단죄될 수 없다는 것이다. 우드는 심지어 하느님이 동성애를 인구 통제의 한 자연적 방식으로 계획한 것이라고까지 논한다.[35] 우드에게 동조하지 않는 이들에게는 아퀴나스의 전통적 관점, 곧 커플은 각각의 매 성행위마다 임신을 추구해야 한다는 관점이 세계의 인구 성장을 통제하려는 현대적 시도들에 대한 광범위한 도전을 구성한다는 것을 인정하는 것이 중요하다. 최근 유엔 인구과잉 대책위원회는 출산 통제 교육이 그 위원회의 노력의 주춧돌이라고 주장할 때, 로만 가톨릭의 다양한 조직들은 그 주장을 단념시키는 데 큰 역할을 하였다.

어쩌면 처음에는 거칠게 개연성이 없는 것처럼 보이지만 아퀴나스의 몇 가지 기본 가정들을 받아들이게 되면 타당하게 되는 논거가 더 흥미롭기까지 하다: 동성애적 행위들이 성(행위)의 출산적 척도를 충족시킬 '수' 있다. 너무 무리한가? 살펴보기로 하자. 그 논거를 이해하기 위해서 1930년에 교황 비오 11세가 선택한 결단으로 되돌아가기로 하자. 교황은 (겉보기에는 관계가 없는) 한 가지 까다로운 문제에 직면하였다. 만일 기혼 부부의 한쪽 또는 쌍방이 출산을 못하게(불임) 되면(예컨대 아내가 30년간 남편을 위한 사랑의 헌신을 한 다음 근본적인 자궁절제술을 받는 경우), 이것은 그 기혼 부부가 자연법을 침해하지 않는 한 다시는 성관계를 가질 수 없다는 것을 의미하는가? 결국 한 가지 의미에서 어떤 성행위도 쌍방이 다 불모적인 경우에는 참으로 출산적일 수 없다. 비록 새로운 문제와는 거리가 멀지만, 이 도전은

---

35. Robert Wood, "Christ and the Homosexual", in Batchelor, *Homosexuality and Ethics*, pp.165-167.

교황이 그것을 1930년에 공표하도록 압박을 받게 되었을 때, 좀 더 통렬하고 부담스럽게 되고 있었다. 이전에는 분명 불임 커플들이 있었지만, 언제나 상당 부분 불확실한 채로 남아 있었다. (즉, 베티는 결혼 10년차가 되었는데도 아기를 갖지 못했다. 그러나 내일도 계속해서 그럴 것인가?) 1930년대 즈음에는 적어도 몇몇 경우에 현대 의학 기술에 의해서 불확실한 부분들이 제거되었다. 베티의 자궁을 적출하는 의사는 그녀에게 조금도 불확실하지 않은 용어로 그녀가 다시는 아기를 갖지 못할 것이라고 말할 수 있게 되었다. 그렇다면 베티와의 성관계는 가장 심각한 "본성을 거스르는 죄" 가운데 하나인 남색(소도미아) 행위와 도덕적으로 등가물이 되는 것인가? 그것이 더 이상 출산적이 아니니 말이다.

비오 교황의 우아한 응답은 "그렇지 않다"였다. 그의 표현대로 "특정 결함"으로 고통을 받고 있는 기혼 부부들은 자연법을 침해하지 않으면서도 계속해서 성관계를 가질 수 있다. 어떻게? 대답은 대체로 토마스주의적인 것이었다. 핵심적 고찰은 그 부부가 출산의 '지향'을 지니고 있는지 여부, 또는 출산을 원하는지 여부이다. 그 쟁점은 그들이 실제로 출산을 할 수 있는지가 아니다. 결국 가임기 기혼 부부들 사이의 대부분의 성행위들은 피임 장치를 하지 않았더라도 임신으로 이끌지 않는다. 이리하여 그 규칙은 모든 성행위가 도덕적이기 위해서 실제로 출산으로 이끌어야 한다는 것이 아니다. 쟁점은 남편과 아내가 자기들의 성행위가 아이를 낳을 수 있기를 '원하는지' 여부이다.(이것이 어쨌든 왜 출산 조절이, 비록 그것이 개별적인 경우에 임신을 막는 데 실패한다고 하더라도, 많은 가톨릭 사상가들에게 그토록 문젯거리로 남아 있는지에 대한 하나의 해명이다. 출산 조절법을 사용하는 것 자체가 그 부부가 가장 명시적으로 출산 의도를 가지고 있지 '않다'는 것을 보여준다.) 비오 교황의 규제는 이처럼 불임의 기혼 부부에게 계속해서 성행위를 할 수 있도록 허용하고 있다. 근본적 자궁적출 수술을 받은 여인도 "기적을 희망할" 수 있다. 이것은 민감한 규제이고 아퀴나스의 논거의 정신에 충실한 규제인 것으로 보인다.

이 모든 것은 동성애라는 쟁점과 무슨 관계가 있는가? 불임 부부가 그들이 "어떤 기적을 희망"하는 한 물리적 불가능성에도 불구하고 성(행위)의 출산적 목적을 침해하는 것이 아니라면, 왜 동성애 커플은 '실제로' 큰 기적을 희망하고 자연법 역시 충족시킬 수 없단 말인가? 결국 많은 동성애 커플들은 자기들의 성행위가 임신으로 이어지기를 희망할 것이다. 이런 커플들은 불임의 이성 커플들과 어떻게 다르단 말인가?

그것은 흥미로운 질문이고, 만일 아퀴나스가 주변에 있다면 그것을 어떻게 다루는지를 지켜보는 것은 참으로 매력적일 것이다. 아퀴나스는 분명 많은 현대 그리스도인들이 처음 그런 논거들을 접하게 되었을 때 그들이 보이는 것과 같은 자동반사적 반응을 채택하지는 않을 것이다. 아퀴나스는 특히 만일 핵심 쟁점이 그가 임신할 '역량'을 가지고 있느냐는 것이 아니라, 그렇게 하기를 '원하는지'라고 말하는 데 투신하고 있는 것이라면, 우리가 어떻게 두 경우를 합리적으로 구별할 수 있는지 물을 것이다. 정상 커플과 동성애 커플이 마찬가지로 그런 바람을 가지고 있을 수는 없을까? 다른 한편, 만일 누군가 그 쟁점이 바람에 관한 것이 아니라 역량에 관한 것이라고 말한다면, 그것은 (예컨대 폐경기 이후의 여인과 같은) 불임의 개개인들이 부부의 유대를 맺고 있으면서도 성관계를 맺을 적마다 중대한 "자연을 거스르는 죄"에 책임이 있다는 것을 의미하는가? 그런 개개인들은 도덕적으로는 남색(소도미아)을 저지르는 자들과 동격이라고 말할

수밖에 없는가?

　이러한 것들이 동성애와 자연법에 관한 현대의 논의들에서 우리에게 제기된 흥미 있는 질문들이다.

　비록 간접적이기는 하지만 한 가지 유명한 답변이 교황 바오로 6세의 출산 조절에 관한 회칙 『인간 생명』(Humanae vitae, 1968)에 의해서 주어졌다. 일부 관찰자들에 의해서 가톨릭 전통과의 의미심장한 단절이라고 보였던 것 안에서 비오로 교황은 결혼의 유대의 테두리 안에서는 각각의 모든 성행위 안에서 출산적 지향이 필요하지 않다고 논했다. '리듬 방법'(이 과정에 따라 부부는 오직 아내가 임신 가능하지 않는 시기 동안에만 의도적으로 성관계를 가진다)이라고도 알려진 "자연적 가족 계획"으로, 바오로 교황은 결국 가톨릭 신자들은 적극적으로 아이를 갖지 않도록 의도하면서도 자연법과 일치되어 있을 수 있다고 가르쳤다.[36] 결혼 안에서 순수하게 가족 계획의 쟁점으로 행하는 동안, 바오로 교황의 가르침은 또한 위에서 개괄한 동성애에 대한 자연법적 옹호에 도전하는 결과를 가지고 있을지 모른다. 만일 출산 지향이 더 이상 성행위의 도덕성에 결정적인 요인이 아니라면, 그때 일부 동성애적 커플이 그것을 소유하고 있다는 그 사실은 어울리지 않는다. 그러나 자연적 가족 계획에 관한 바오로 교황의 교육이, 성에 관해, 아퀴나스와 (결혼 안에서의 불임에 관한 비오 11세 교황의 가르침을 포함해서) 다른 그리스도인들의 가르침과 일치되는지는 매우 의심스럽다. 그 결과로 나타난 긴장은 가톨릭과 비가톨릭을 막론하고 주목할 만한 그리고 지속되는 논쟁의 주제이다.

자연법과 성에 관한 생생한 현대적 논쟁이 보여주는 것은 아퀴나스의 영향이 여전히 매우 깊다는 것이다. 옳고 그름에 관한 우리의 현대적 관념들과, 성에 관한 모든 것은 모든 이가 공유하고 있고 이성에 의해 접근 가능하며 반드시 복종해야 하는 자연법이 있다는 단순한 관념과 풀릴 수 없게 엮여 있다.

저 법에 관한 이 동일하고 단순한 개념들은 폭력, 전쟁, 그리고 심지어 낙태에 관한 현대적 논의 형성에 상당 부분 기여하고 있다. 우리는 다음 두 개 장에 걸쳐서 어떻게 그러한지를 살펴볼 것이다.

---

36. 교황 바오로 6세 회칙 「인간 생명」, 1968. 교황은 이렇게 말하고 있다. "교회는 오로지 비가임기 동안에만 부부의 용도를 위해서 생식 기능들 안에 자리 잡고 있는 자연 주기들을 해명하고, 이런 식으로 도덕적 원리들을 어기지 않으면서 출산을 조절하는 것이 적법하다고 가르친다.(...) [이런 경우에] 결혼한 배우자들이 타당한 이유로 아이들을 피하려는 적극적인 의지에 일치하여 자녀들이 생기지 않으리라는 확실성을 추구하는 것이 사실이지만, 이것들은 정당한 동기들이다." 이 회칙을 둘러싼 가톨릭 교회 내의 심각한 갈등과 위기를 상세히 보기 위해서는, 미국의 대표적인 토마스주의적 윤리신학자 랄프 매키너니가 지은 『현대 가톨릭의 위기 진단』(이재룡 옮김, 가톨릭출판사, 2000)을 참조하라.

7. "의로운 전쟁"과 이중 결과

 1991년 1월 28일 미국 대통령 조지 부시(George Bush, 1989 1993)는 미군이 이라크(Iraq)에 연루되었음(이른바 '걸프전'[Gulf War])을 알리는 연설을 하였다. 이틀 전에는 미국과 동맹국들이 이라크에 대대적인 공습을 시작하였다. CNN이 이라크에 투하된 예광탄들과 바그다드(Baghdad) 밤하늘에 작열하는 미국의 "똑똑한"(smart) 폭탄의 극적인 장면을 보도했을 때, 부시 대통령은 방금 착수한 군사 행동의 도덕성에 관해 그의 첫 번째 공적인 발언을 하였다.
 부시는 연설에서 다음과 같이 주장하였다. "걸프전은 그리스

도교 전쟁이나 유다교 전쟁 또는 이슬람 전쟁이 아닙니다. 이것은 의로운 전쟁입니다."[37] 그는 무엇에 기초해서 그런 선언을 한 것일까? 그는 의로운 전쟁이 되기 위한 여러 가지 척도들을 인용하였다. 거기에는 "의로운 원인", 곧 우선적으로 전쟁을 하기 위한 도덕적으로 타당한 이유가 있어야 한다고 지적한다. 걸프전과 관련해서 그는 주장한다. "우리의 원인은 더할 수 없이 고상합니다. 우리는 이라크가 쿠웨이트에서 완전히, 즉각적으로, 그리고 아무런 조건도 없이 철수하게 만들 것입니다." 다음으로, 그는 전쟁이 "정당한 권위"에 의해서 선포되어야 한다고 말하고, 계속해서, 그 전쟁을 지지하는 미국 의회와 UN 안전보장이사회에서 통과한 결의들을 인용하였다. 전쟁은 "마지막 수단"이어야 한다. 그 폭력이 개시되기 전에 불의를 바로잡으려는 모든 평화로운 수단들을 다 동원해야 한다. 부시는 이라크와의 차이를 해소하기 위한 동맹국들의 지치지 않는 외교적 노력이 모두 실패하였다고 주장하였다. 우리는 또한 복수보다는 정의를 추

---

37. George Bush, "The Gulf War", *Wanderer*, 21 February 1991, 6.

구하는 "의로운 지향"을 지니고 있어야 한다.

의로운 전쟁이라고? 초심자들에게는 그 개념 자체가 모순어법처럼 보일지 모른다. 그런 개개인들에게 전쟁의 시행을 억제하려는 도덕적 규칙들과 원리들로 가득 찬 부시의 연설은 참으로 이상스럽게 보였음에 틀림없다. 결국 도덕적 코드가 무너졌을 때 발생하는 것이 전쟁 아니던가? 다시 말해, 도덕성의 '부재'가 결국 전쟁이 아니던가?

그러나 국제법에 따라서는 그렇지 않다. 설사 전쟁중이라고 하더라도, 현대의 국제법은 도덕적 지침들을 따라야 할 것을 요구하고 있다. 예컨대, 비전투원들의 인권을 존중해야 하고, 전쟁 포로들을 인도적으로 보살펴야 한다. 오로지 정당한 원인들이 있을 때에만 전쟁을 치르고, 오직 마지막 수단으로서만 전투를 시작하며, 적절한 통로를 통해서만 전쟁을 선포하리라 기대된다. 요컨대, 거칠게 말하자면 부시 대통령이 연설에서 제시한 규칙들을 따를 것이 요구된다. 미국이 걸프전을 치르는 동안 실제로 이 규칙들을 따랐는지 여부는 따로 따져봐야 하는 다른 문제이다. (미국 가톨릭 주교단의 일부가 미국이 그렇게 하지 않았다고 주장해서 많은 주목을 끌었다.) 그러나 그런 규칙들(결국 전쟁을 치르는 데 있어서의 도덕적 규칙들)의 존재는 널리 받아들여졌다. 만일 그런 제한들이 없었더라면, 만일 전쟁이 실제로 도덕적 억제들의 부재를 의미했다면, 그렇다면 왜 그토록 많은 사람들이 제2차 세계대전 동안의 나치 정권의 남용들에 직면해서 단순한 공포를 넘어 잔인무도함을 느꼈겠는가? 만일 전쟁중에 '어떤 것'이 작동한다면, 그때 나치는 그 누구보다도 더 비도덕적이라고 할 수 있겠는가?

우리 가운데 많은 이들에게는 전쟁 규칙들이 '있다.' 도덕성은 심지어 전투가 한창 벌어지고 있는 중에도 행동에 중요한 제약을

가한다. 물론 여기서 중요한 질문: 이 규칙들은 도대체 어디서부터 왔는가? 누가 어떤 방식을 두고 전쟁이 도덕적으로 치러지는 방식이라고 말해주는가? 단순하지만 전적으로 틀린 것은 아닌 대답은 "토마스 아퀴나스"이다. (만일 당신이 내가 '간디'[Ghandi]라고 말하리라 생각했다면, 당신은 분명 주의를 기울이지 않은 것이 틀림없다.)

그리스도인들이 박해받던 소수에서 로마 제국의 지배 계층으로 바뀐 4세기 이래로 그리스도인들은 전쟁과 폭력에 관한 자신들의 생각을 거듭 다시 생각해왔다. 그들이 정치적 권력을 차지하기 전에 대다수의 그리스도인들은 그리스도인이 되기 위해서는 평화주의자가 되어야 할 것이라고 생각했다. 결국 예수는 추종자들에게 "다른 뺨을 돌려 대고" "원수를 사랑하라"고 가르쳤다. 그는 자신을 박해하는 이들을 거슬러 폭력을 행사하기보다는 십자가 위에서 죽는 길을 택했다. 분명 그의 추종자들은 그의 모범을 따라 물리적 폭력을 배격해야 한다.

그리스도인들이 4세기에 갑자기 지배 계층이 되었을 때(이것은 바로 콘스탄티누스 대제가 로마 제국의 최초의 그리스도교적 통치자가 된 때였다), 이 모든 것은 변하기 시작했다. 아우구스티누스의 관념들에 인도되어 그리스도인들은 그들의 "이웃 사랑"이 그들로 하여금 무죄한 이들이 살육을 당하는 동안 방관하는 것을 허용하는지 묻기 시작했다. 이웃을 지켜내기 위해 개입해야 하는 것이 아닌가?[38]

아우구스티누스는 이 문제에 '그렇다'고 대답하는 최초의 영향력 있는 그리스도인들 가운데 하나였다. 아우구스티누스는 그리스도인들이 폭력을 사용하는 것이, 만일 그들이 제한된 모습으로 그리고 무죄한 이들을 보호하기 위해서 그렇게 하는 것이라면, 허용될 뿐만 아니라 심지어 명령되기까지 한다고 가르쳤다. 아우구스티누스는 『신국론』에서 바로 이런 과업을 묘사하기 위해 "의로운 전쟁"이라는 용어를 창안해 냈다고 종종 믿어진다.[39]

그로부터 8세기가 지난 뒤에 그리스도교의 위대한 체계 건설자인 아퀴나스는 아우구스티누스와 다른 초창기 그리스도인들에 의해서 도입된 많은 개념들을 발전시키고 코드화하는 데 결정적이었다. 정확히 언제 사람은 전쟁에 나갈 수 있는가? 이웃을 지키기 위해 힘을 사용할 수 있게 해주는 것은 무엇인가? 그리고 받아들여질 수 없는 것은 또 무엇인가?

---

38. 이 시기 동안에 폭력에 관한 그리스도교적 태도의 변화에 관한 훌륭한 논의를 보기 위해서는: Cf. John Howard Yoder, "The Constantinian Sources of the Western Social Ethics", in *The Priestly Kingdom*, Notre Dame[Ind.], University of Notre Dame Press, 1984, pp.135-147.
39. Augustinus, *City of God*, Book 19(성염 옮김, 『신국론』, 분도출판사, 2004).

이 질문들에 답하기 위해서 우리는 다시 한 번 더 아퀴나스의 『신학대전』을 참조한다(이 경우는 II-II, 40, 1). 거기에서 아퀴나스는 정당하게 전쟁에 나아갈 수 있기 전에 반드시 마주쳐야 하는 척도들에 대한 최초의 세밀한 언급들 가운데 하나를 제공한다. 이것은 후대에 이른바 '전쟁의 권리'(jus ad bellum)라고 불리게 될 것이다. 거칠게 번역하자면 "전쟁에서의 권리 또는 정의"를 가리킨다. 만일 당신이 이미 그 용어에 친숙하다면, 더욱 그 용어에서 벗어나야 한다. 일상 용어에서 '유스 앗 벨룸'(jus ad bellum)은 정당하게 전쟁에 나아갈 수 있기 전에 해결해야 하는 조건들로 구성되어 있다.

아퀴나스는 그런 조건들이 세 가지인데, 각각 폭력에 호소하기 전에 반드시 충족되어야 한다고 강조한다. 우선, 여기에는 '의로운 원인'이 있어야 한다. "의로운 전쟁이란(...) 한 국가가 그 수하들에 의해서 저질러진 잘못들을 배상하거나 부당하게 포획

한 것들을 복구하기를 거절할 때에 응징해야 하는 전쟁이다." 다음으로, 전쟁은 "의로운 권위"에 의해서 선포되어야 한다. 아퀴나스는 이렇게 말한다: 최고의 시민 권위인 왕들과 왕자들이 "내부의 혼란을 거슬러 공공의 복리를 보호하기 위해 칼에 호소하는 것이 적법한 것과 마찬가지로,(...) 외부의 적들을 거슬러 공공복리를 보호하기 위해서 전쟁의 칼에 호소하는 것도 역시 그들의 일이다." 마지막으로, 비록 전쟁이 의로운 원인 때문에 벌어지고 의로운 권위에 의해서 선포된다고 하더라도, 그것이 '의로운 의도'를 가지고 수행되는 것이 아니라면, 의로운 전쟁이 아니다. 아퀴나스는 "해를 끼치려는 열정, 복수하려는 잔혹한 욕망,(...) 권력욕 등"과 같은 동기들을 허용될 수 없는 것들로 간주한다. "우리는 자신의 개인적 바람을 채우기 위해서가 아니라 명백하고 단순한 정의를 복원하기 위해서 싸워야 한다."[40]

물론 이 원리들은 부시 대통령이 페르시아 만에서의 미국의 활동을 보호하기 위해서 호소한 것들과 거의 글자 그대로 같다. 아퀴나스를 따르는 철학자들, 특히 후고 그로티우스(Hugo Grotius)와 프란치스코 수아레즈(Francisco Suarez)와 같은 이른바 스콜라 학자들은 이어서 '전쟁 권리' 척도 목록에 무언가를 덧붙일 것이다. 그러나 아퀴나스는 정당하게 전쟁에 나아갈 수 있기 위한 많은 표준들을 코드화하고 대중화한 최초의 사상가였다. 이 표준들은 오늘날까지도 통용되고 있다.

전쟁과 폭력에 대한 현대적 관념들에 대한 아퀴나스의 기여들은 언제 전쟁에 나서야 하는지를 알려주는 관념들에 그치는 것이 아니다. 아퀴나스는 또한 일단 전쟁이 발발했을 때, 어떤

---

40. *Summa Theologiae*, II-II, q.40, a.1. 현대적 논의를 보기 위해서는: Cf. Paul Christopher, *The Ethics of War and Peace*, Englewood Cliffs(NJ), Prentice-Hall, 1994, pp.52-58.

행위들을 자행해서는 안 되는지에 대한 오늘날 통용되는 관념들을 형성하는 데에도 중추적인 역할을 했다. (일단 전쟁이 발발한 이후의 행동들을 위한 도덕적 표준을 확립하는 이 규칙들은 "전쟁에서의 권리"[jus in bello]라고 알려지게 되었다.)

이것은 우리를 현대의 도덕적 어휘사전에 대한 아퀴나스의 가장 중요한(그리고 경외의 대상이 된) 공헌들 가운데 하나, 곧 '이중 결과의 원리'로 안내한다. 이중 결과는, 우리의 현대적인 시민적이고 범죄적인 법률 조항에 이르는 길을 발견하고, 의학 윤리의 주춧돌로 부상하였으며, 현대 낙태 논쟁에서 문젯거리가 된 도덕적 개념이다. 그것은 또한 전쟁중에 비전투원을 어떻게 다루어야 하는지를 결정하기 위한 기본적 표준을 확립한다. 이리하여 그것은 조심스러운 주의를 요한다. (분명 당신은 지금은 "좋아!"라고 말하지만, 내가 세부적인 것들을 설명할 때까지 기다린다. 당신은 즉각적으로 간통에 대해서 좀더 논의하자고 큰 소리로 요구할 것이다.)

　이중 결과를 시작하는 전제는 단순하다. 아퀴나스가 지적하는 것처럼, "하나의 행위가 [하나는 선하고, 다른 하나는 악한] 두 가지 결과를 내는 것을 막는 것은 아무것도 없다."[41] 실상 도덕에서 우리의 주의를 끄는 대부분의 행위들은 이런 종류의 것들이다. 그 이유는 단순하다. 만일 어떤 행위가 오로지 선한 결과들만을 낸다면(가령, 당신이 할머니에게 어떤 약을 드려, 할머니가 좀더 편안하게 느끼시도록 도와드리거나, 양치질 하시는 것을 도와드린다면), 도덕적 곤경이란 있을 수 없다. 다른 한편, 만일 어떤 행동이 오로지 나쁜 결과만 가져온다면(예컨대, 당신이 할머니에

게 약을 먹여 돌아가시게 만들고, 주변 사람들을 심각한 위험에 빠 뜨린다면), 이 경우에도 역시 논란의 여지는 거의 없다. 도덕적으로 흥미를 끄는 경우들은 하나는 좋고 다른 하나는 나쁜, 이중의 결과를 내는 것들이다. 예컨대, 만일 당신이 할머니에게 드린 약이 그녀를 치유하지만, 동시에 그녀의 병을 남들에게 전염시킬 위험에 노출되어 있는 경우이다. 또는 그 약이 그녀의 통증은 완화시켜 주지만, 그녀의 죽음을 앞당기는 부작용을 낳는 경우이다. 이런 유형의 경우들에, 도덕적으로 올바른 행위는 어떠해야 하는지가 직접적으로 명백하지 않다. 그녀의 생명을 단축시킬 위험을 무릅쓰더라도 할머니를 좀더 편안하게 모시는 것이 적절한 것인가? 아퀴나스의 이중 결과 관념은 우리에게 이런 까다로운 도덕적 질문들에 대해 대답할 수 있는 수단을 제공하고자 시도한다.

한 가지 (역사적으로도 일부 그리스도인들의 지지를 받아온) 잠재적 대답은 단순한 것이다. 곧 '해를 끼치지 말라'는 것이다. 만일 당신의 행동이 누군가에게 해를 끼치고 고통을 주거나 위험에 빠뜨린다면, 그런 행동을 해서는 안 된다. 이것은 부분적으로는 그리스도교 초창기 4세기까지의 평화주의자들의 사고방식일 것이다. 그러나 아퀴나스는 이 관점이 실천되지 않았다는 사실을 발견하였다.

다음과 같은 예를 생각해 보자. 당신은 지독한 치통에 시달리게 되어, 급히 치과의사를 찾는다. 그녀는 당신의 치아를 살펴 충치가 있음을 확인하고, 드릴을 꺼내 들었다가, 멈춘다. 당신은 당신의 치통을 치료하기 위해서는 충치를 갈아내고 그 자리를 메꾸는 것이 필요하다는 것을 그녀가 알고 있지만, 동시에 그렇게 하는 것이 당신에게 엄청난 직접적인 통증을 안겨준다는 것도 잘 알고 있음을 안다. 게다가 진통제가 그 효력을 다하게 되면, 최종적인 치료가 완료되기 전에 당신은 상당한 고통을 겪게 될 것이다. 그녀의 드릴 작업은 하나는 좋고(당신의 치통은 결국 치유될 것이다), 다른 하나는 나쁜(얼마 동안은 이전보다 더 크고 강렬한 통증이 당신에게 덮칠 것이다) 이중 결과가 있다. 만일 당신의 치과의사가 '해를 끼치지 말라'는 단순한 표준을 따를 경우에, 그녀는 물러나 당신의 치아에 드릴을 대지 않을 것이다. 당시의 치통은 계속되겠지만, 적어도 '그녀'가 당신 통증의 원인이 되는 일은 없을 것이다. 그녀는 당신에게 아무런 해도 끼치지 않을 것이다.

아퀴나스는 그런 입장은 부조리하다고 생각하였다. 우리는 어떤 악이 보다 큰 선을 낳는 원인임에 틀림이 없는 경우들을 많이 만나게 된다. 결코 해를 끼칠 수 없다고 말하는 것은 우리를 도덕적으로 마비시켜 버리고 만다.

이것이 이중 결과의 원리가 작동하게 되는 자리이다. 아퀴나

스는 묻는다. 이중 결과가 있는 경우에, 그 가운데 오직 하나의 결과만 의도되고 있고, "다른 것은 우리의 의도 밖에 있다." 아퀴나스에 따르면, "도덕적 행위들은 (그 지향 바깥에 무엇이 있느냐에 따라서가 아니라) 그 지향에 따라 종이 달라진다. 왜냐하면 지향 바깥에 있는 것은 부수적이기 때문이다."[42] 이것은 우리가 불임 부부와 성관계에 관한 논의에서 살펴보았던 것과 똑같은 개념이다. 만일 그 부부의 '지향'(의도)이 출산하는 것이라면, 특수한 성행위가 임신으로 연결되는지 여부는 요점을 벗어난다. 그 행위의 도덕적 본성은 적어도 부분적으로는 지향(의도)에 의해서 규정된다. 이제 우리는 아퀴나스의 논리가 우리의 사고에 얼마나 통상적인 것이 되었는지를 보기 위해서, 똑같은 개념을 치과의사의 경우에 적용할 수 있다. 당신의 치아를 갈아내는 그녀의 드릴 작업을 (우리 대부분에게) 완전히 수용할 만한 것으로 만드는 것은 그녀의 지향이 당신에게 해를 끼치는 것이 아니라 당신의 치통을 치유하기 위한 것이라는 사실이다. 그녀는 악(그 드릴이 야기하는 통증)을 의도하는 것이 아니라, (당신을 치유한다는) 선을 의도하고 있다. 전자는 우리가 제4장에서 논의한 것과 같은 형이상학적인 의미에서 하나의 우유(偶有)에 지나지 않는다. 그녀가 드릴 작업을 할 때 당신이 극심한 통증을 느끼는 것은 그녀가 당신의 치통을 치유하는 데 있어서 '본질적'인 것이 아니다. 설령 당신이 다행스럽게도 그런 통증을 느끼지 않는 보기 드문 사람이라고 하더라도, 그 드릴 작업과 때우기 작업에 의해서 당신의 치통은 치유될 것이다. 통증은 치유에 부수적이다.

이제 '지향'(intention)의 중요성에 관한 아퀴나스의 요점을 보기 위해서 우리의 치과의사의 경우에 변화를 도입하기로 하자.

---

42. Ibid.

잠시 당신이 치과의사에게 갔는데, 이번에는 그녀가 남에게 고통을 가하는 데에서 쾌감을 느끼는 가학증 환자(sadist)라고 가정해 보자. 그래서 그녀는 자신의 드릴을 꺼내 들고 작업을 하며, 그 통증을 당신이 느끼도록 만든다. 그리고 자신은 철저하게 당신이 고통에 시달리는 모습을 즐기고 있다. 그녀는 그 고통을 최소화할 수 있는 길을 알고 있지만, 그렇게 하려 들지 않는다. 당신을 치유하는 것이 아니라, 당신에게 고통을 주는 것이 지금 그녀의 목적이기 때문이다. 이 새로운 장면에서 그 치과의사에 대한 우리의 도덕적 평가는 분명 극적으로 바뀔 것이다. 첫 번째 무대에서처럼, 상냥하고 유능한 의사이기는커녕, 일종의 '사이코패스'(psychopath / 반사회적 성향의 인격장애자)라고 판단될 것이다. 그녀는 범죄 혐의자가 될 것이다. 아퀴나스는 그 의사에 대한 우리의 견해의 변화가 전적으로 적절하다고, 그리고 그것은 그 두 경우에 의사의 '지향'에 극적인 변화가 있기 때문이라고 말할 것이다. 이전에 그 의사는 당신이 치유되는 것을 의도하였고, 통증은 부수적인 것이었다. 그런데 이제는 당신에게 고통을 가하는 것을 의도하고 있다. 아퀴나스는 핵심 쟁점이 필연적으로 두 장면에서의 그녀의 행위들의 '결과들'(곧, 한 경우에는 당신의 치통이 치유되고, 다른 경우에는 치유되지 않았다는 사실들) 사이의 차이라고 생각하지 않는다. 잠시 순전히 사고로 (당신에게 통증을 가하려는) 저 가학증적 치과의사가 우연히 충치에 대고 드릴 작업을 했다고 가정해 보자. 그 결과 그녀가 당신의 치통을 치유하게 되었지만, 이것은 전혀 그녀가 의도했던 것이 아니었다. 이 경우에 그 결과는 좋은 것이겠지만, 아퀴나스는 우리가 아직도 그 치과의사를 혹독하게 판단해야 한다고 생각한다. 그녀는 비록 그녀의 행위의 결과가 은혜로운 것으로 바뀌었을지는 몰라도, 여전히 비도덕적으로 행동한 것이었다.

만일 당신이 위의 논거를 따른다면, 당신은 이중 결과의 원리를 반쯤은 이해하게 된 셈이다. 아퀴나스가 우리에게 말하는 것은, 만일 하나의 행위가 하나는 좋고 다른 하나는 나쁜 두 가지 결과를 동시에 가지고 있다면, 그 행위는 오직 당신이 그 악한 목적을 의도하는 것이 아니라 선한 목적을 의도할 때에만 허용될 수 있다는 것이다.

이 개념은 비밀스럽고 추상적인 것처럼 보일지 모르지만, 우리의 현대적인 많은 도덕적 관념들의 심장부에 자리잡고 있다. 예컨대, 아퀴나스의 지향 개념과 매우 닮은 어떤 것이 법적인 살인자 개념에 핵심적이다. 만일 당신이 차도로부터 후진을 하다가 이웃의 아장아장 걷는 아기를 치어 죽게 만들었다면, 그 행위가 우연한 사고였는지 아니면 의도적이었는지가 법적인 심판의 차이를 만들어 내는 열쇠가 된다. 만일 그것이 하나의 사고였다는 것이 입증될 수만 있다면, 곧 당신은 그 아이를 향한 악의가 전혀 없었다는 것, 후진하는 동안 세심한 주의를 다 기울였다는 것, 당신이 그 차도에 아무것도 없어 안전한지를 뒤돌아보며 확인한 이후에 그 아기가 갑자기 숲에서 기어 나왔다는 것 등이 입증될 수 있다면, 당신은 어떠한 범죄에도 말려들지 않을 수 있을 것이다. 반면에, 만일 당신의 의도가 그 아이를 살해하려는 것이었음이 입증될 수 있다면, 곧 당신은 이전에도 그 아이의 생명을 위협한 적이 있다는 것, 당신이 후진을 하기 전에 그 아이가 당신이 후진하는 그 차도 뒤쪽에 있는 것을 보았다는 것, 후진하는 중에 그 아이 옆을 지나쳐 가자 다시 앞으로 전진하였다가 다시 후진하여 아이를 덮쳤다는 것 등이 확인된다면, 당신은 살인자임이 확실히 드러날 것이다. 이 두 경우의 차이는 결과가 아니라고 아퀴나스는 지적할 것이다. 두 경우 모두 아이가 죽었다. 차이는 무엇인가? 그것은 '지향'(의도)이다.

아퀴나스의 지향 개념은 또한 '전쟁중의 권리'(jus in bello), 곧 전쟁 중에 어떤 행위들이 허용될 수 있는지를 결정하는 규칙들의 주춧돌이 되기도 하였다. (비록 아퀴나스 자신은 결코 명시적으로 그것을 전쟁시에 적용한 적이 없지만 말이다.) 그 개념을 전투에 적용하는 한 가지 경우는 군인들이 결코 무죄한 이들이나 비전투원들의 죽음을 지향(의도)해서는 안 된다는 관념이다. 이것은 날카롭게 (훌륭한 치과의사가 고통이 결코 가해지지 않을 것이라고 약속할 수 있는 것 이상으로) 무죄한 이들이 결코 살해되지 않으리라고 말하려는 것이 아니다. 그것은 오히려 무죄한 이들의 죽음이 그것이 발생하였다면, 부수적인(곧, 비의도적인) 것이어야 한다고 말하려는 것이다. 요점은 무죄한 이들이 아니라 군사적으로 타당한 표적들을 겨냥해야 한다는 것이다. 우리는 여기서 다시 한 번 더 아퀴나스의 형이상학의 중요성을 보게 된다. 삼각

형이 그것이 삼각형이라는 것이 우유적인(부수적인) 어떤 특성들(예컨대, 그 크기, 그 색깔 등)을 지니고 있는 것과 마찬가지로, 아퀴나스에 따르면, 우리의 행위들도 그것들의 본질에 우유적인 특성들을 지니고 있을 수 있다. 물론 인간적 행위 가운데 어느 특성들이 우유적이고 어떤 것이 본질적인 것인지를 결정하는 것은 매우 복잡한 작업이다.

한두 가지 예가 아퀴나스가 얼마나 이 까다로운 노선을 묘사하고자 노력하고 있는지를 조명하는 데 도움이 될 것이다. 예컨대, 당신의 군대가 적의 탄약 공장을 폭격하려고 한다. 이 공장은 곧 당신의 군대를 큰 위험에 빠뜨릴 화학 무기를 곧 생산하려 하고 있었고, 그래서 그곳을 폭격하는 것은 하나의 "선"일 것이다. (곧, 미래의 여러 생명을 구할 것이고, 불의한 적들을 패퇴시키는 데 도움이 될 것이다.) 불행히도 그 무기 공장은 24시간 내내

경계부대가 철통경비를 서고 있었다. 낮 동안에는 어린이들(즉 무죄한 이들)이 그 공장에서 그리 멀리 떨어져 있지 않은 곳에서 자고 놀고 하고 있었다. 아퀴나스의 원리가 제안하는 것은 설령 공장을 폭파하려는 그 폭격 행위가 몇몇 무죄한 아이들을 죽일 수도 있다고 당신이 믿는다고 할지라도, 그 폭격이 허용될 수 있다는 것이다. 어떻게 그런가? 만일 당신의 지향(의도)이 어린이들을 죽이려는 것이 아니라, 그 공장을 무력화시키는 것이라면, 그때 저 어린아이들의 죽음은 당신 행위의 본질의 일부가 아니라(즉 의도된 것이 아니라), 우유적(부수적)인 것이 된다. 그런데 그 어린이들의 죽음이 그 본질의 일부가 아니라는 것, 다시 말해 의도된 것이 아니라는 것을 우리는 어떻게 아는가? 그 어린이들의 죽음은 당신의 목적도 아니고, 또 당신의 목적을 실현시켜 줄 수단도 아니라고, 아퀴나스는 우리에게 말한다. 만일 당신이 폭탄을 떨어뜨려 그 공장을 날려버렸고 파편들이 사방으로 튀었지만, 어떤 기적에 의해서 아기들이 한 명도 죽지 않았다면, 당신의 선한 목적은 아직도 달성된 셈이다. 당신은 그 화학무기 공장을 날려 버렸다. 어린이들의 죽음은(치과의사가 당신의 충치를 갉아낼 때 당신이 느끼는 통증과 마찬가지로) 의도되고 있는 선한 목적에 본질적인 것이 아니다.

이제는 당신 편이 위험한 적에 의해서 완전히 패배하게 된 경우를 상상해 보자. 절망적이게도 전쟁에서 전세를 뒤집을 가능성이 거의 없게 되자, 당신은 얼마 남지 않은 전투기로 당신의 적을 "혼란시키기로" 결정하였다. 적 수뇌부의 아이들이 앞에서 언급한 주간 보호 센터에 있다. 당신이 그 센터를 폭격하여 아이들을 죽인다면, 자기 나라의 차세대의 이익을 위해 전쟁을 벌이고 있는 저의 수뇌부는 전생을 포기하게 될지도 모른다. 당신은 그 주간보호센터를 폭격하도록 돌격 명령을 내린다. 그 결과는 화학 무기 공장을 표적으로 삼았던 것과 똑같을 것이다. 그 주간 보호센터에 있던 아이들은 살해된다. 그러나 아퀴나스는 두 가지 경우를 전혀 다르게 판단할 것이다. 두 번째 장면에서 당신의 '지향'은 무죄한 아이들을 죽이는 것이다. 아이들의 죽음이 당신의 적들을 혼란스럽게 만드는 목적을 달성하는 데 본질적이다. 그것은 당신의 목적을 달성하게 해주는 수단이다. 이 경우에 만일 당신이 폭탄을 투하했음에도 불구하고 어떤 기적에 의해서 단 한 명의 어린이도 죽지 않았다면, 당신은 폭탄을 다시 장전하여 폭격을 재개해야 할 것이다. 아퀴나스가 볼 때 비도덕적인 것으로 단죄되어야 하는 것은 전자가 아니라, 두 번째 경우이다.

걸프전 동안에 미군 폭격기들이 바그다드에 있는 시민 공습 대피소로 드러난 곳에 폭탄을 투하하였다. 많은 여자와 어린이들, 그리고 다른 비전투원들이 살해되었다. 이라크 장교들은 즉각적으로 세계 언론들을 사이트에 접속하도록 만들었고, 대량 살육 장면을 담은 사진들이 즉시 웹사이트를 뒤덮었다. 몇 시간이 지나지 않아 미국의 콜린 파웰(Colin Powell) 장군과 노만 슈바르츠코프(H. Norman Schwarzkopf) 장군은 그 행위를 변호하기 위해 뉴스 대담을 열었다. 그들의 변호란? 바로 이중결과의 원리이다. 파웰과 슈바르츠코프는 그 폭격으로 무죄한 이들이 살해되었다는 것을 부정하지 않았다. 그들이 주장한 것은 시민들의 죽음이 '의도된' 것이 아니었다는 점이다. 그들은 이렇게 주장하였다. 그들이 확보하고 있던 최상의 정보가 문제의 그 건물을 이라크군의 사령부 지휘소로 지목했다는 것이다. 의도는 여자와 어린이들을 죽이는 것이 아니라 군 사령부를 파괴하는 것이었다. 그들은 이것이 바로 이중 결과가 있는 경우인데, 미국은 선한 목적을 의도했다는 것이다.

아퀴나스에게 익숙한 사람에게 미국 군대 지도자들의 논거는 친숙한 것이었다. 실상 아퀴나스의 이중 결과 원리는 현대 전쟁의 수행과 통합되어 최근에는 심지어 "부수적 피해"(collateral damage)라는 새로운 완곡어법적 차원까지 얻게 되었다. 타당한 군사적 표적을 타격하고 부수적으로(곧, 비의도적으로) 시민들을 죽이는 것으로 끝나게 될 때 군사 지도자들은 종종(그리고 어떤 민족은 '귀찮게'라고 생각한다) 이런 죽음들을 순화된 용어 "부수적 피해"를 통해 언급한다. 이것 때문에 아퀴나스에게 감사 또는 비난을 표시한다.

우리는 아직 이중 결과에 대해 철저하게 이해한 것이 아니다. (나는 이 원리가 복잡하다고 경고한 바 있다.) 당신은 설령 당신이 어떤 선한 지향을 가지고 있다고 하더라도, 다시 말해 당신이 악이 아니라 선한 것을 의도했다는 것을 보여줄 수 있다고 하더라도, 이중 결과에 대해서는 두 번째 숙고가 있다. 선한 결과가 악한 결과보다 더 중시되는가? 아퀴나스는 다음과 같이 말한다. "그러나 어떤 선한 지향에서 시작했음에도 불구하고 하나의 행동이 그 목적과의 비례관계 바깥에 있다면, 불법적인 것이 될 수

있다."⁴³⁾ 요컨대, 당신의 행위는 악보다는 선한 결과를 낳아야 한다. 탄약 공장의 예로 돌아가 보자. 설령 우리의 지향이 근처에 있는 아이들을 죽이는 것이 아니라 그 공장을 폭파하는 것이라고 하더라도, 아퀴나스는 우리에게, 만일 그 선한 결과가 그 악한 결과들과 비례관계에 있지 않다면, 우리의 행위는 아직도 도덕적으로 잘못되었다고 말한다. 예컨대 저 공장은, 폭격을 맞았다고 하더라도 단지 겨우 몇 시간 동안만 기능을 하지 못할 것이다. 그러나 반나절이 지나면 그것은 다시 세워지고 다시 화학무기를 생산해낼 수 있을 것이다. 또한 그 공장 폭격으로 단지 몇 명이 아니라 수백 명의 아이들이 죽게 될 것이라고 치자. 이런 상황에서 아퀴나스는 폭격은 잘못이라고 말할 것이다. 그 지향이 나쁘기 때문이 아니라, 결과된 악이 그 선과 비례관계에 있지 않기 때문이다. 우리의 행위는 선보다는 악을 더 많이 낳을

---

43. Ibid.

것이다.

　이리하여 이중 결과의 원리가 채택될 때, 물어야 하는 질문이 두 가지이다. 첫째는 "당신은 (악한 목적이 아니라) 선한 목적을 의도하고 있습니까?"이고, 두 번째 것은 "그 선한 목적이 악한 목적보다 더 우세합니까?"이다. 아퀴나스에 따르면, 그 두 질문에 대한 답이 모두 "그렇다!"일 때, 비로소 그 행위는 도덕적으로 정당화된다.

　또 다시 이것들은 거칠게 추상적이고 전문적인 철학적 원리들인 것처럼 보일 수 있다. 그러나 아퀴나스의 영향은 너무도 커서, 법정에서, 전장에서, 그리고 심지어 차도에서 자동차를 후진할 때에도, 우리의 일상적 도덕적 논쟁의 통전적(統全的) 일부를 이루게 되었다.

　이중 결과가 현대의 쟁점들에 적용되는 가장 흥미로운(그리고 놀라운) 방법들 가운데 하나는 낙태의 예에서 잘 보여진다. 다음 장에서, 우리는 낙태에 관한 현대적 논쟁을 위한 아퀴나스의 논거들의 함축들을 짧게나마 살펴볼 것이다. 우리는 또한 자연법에 관한 아퀴나스의 관점들이 어떻게 여성의 역할과 권리에 관한 현대적 이해에 도전장을 던지는지도 살펴볼 것이다.

8. 낙태, 여성의 역할 등

거의 모든 사람들은 가톨릭 교회가 역사적으로 낙태(落胎, abortio)를 대단히 적극적으로 단죄하였다는 것을 알고 있다. 이중 결과의 원리에 대한 우리의 논의와 더불어, 우리는 이제 그 이유의 일부를 살펴볼 수 있게 되었다. 만일 배아(胚芽, fetus)가 당당한 인격체(人格體)라고 가정한다면(당연히 도덕적으로 논란의 여지가 있는 가정이다), 낙태는 아퀴나스의 추종자들에게 단죄될 만한 것이 된다. 왜냐하면 그것은 이중 결과의 두 가지 시험에 모두 낙방하기 때문이다: 악한 목적(한 무죄한 인격의 죽음)이 의도되고 있고, 선한 목적(임신을 바라지 않는 어머니의 바람)이 그것보다 더 중요하지 않다. 이것은 수십 년 동안 낙태에 관한 가톨릭의 주류적 입장이 되었다.

(어쩌면 심지어 일부 가톨릭 신잉인에게도) 놀라운 것은, 만일

내가 이중 결과를 적절하게 해석하고 있다면, 여기에는 아퀴나스의 표준에 따르더라도, 낙태가 허용될 수 있는 적어도 한 가지 경우가 있다. 많은 사람들은 일단 배아가 당당한 도덕적 인격체라고 가정한다면, 모든 낙태 행위는 다 살인(곧, 무죄한 이에 대한 의도적인 살해)이 된다고 믿는다. 그러나 아퀴나스의 이중 결과 개념을 지지하는 자는 반드시 동의하지는 않을 것이다.

어머니의 생명을 심각하게 위협하는 임신의 경우를 생각해 보자. 예컨대, 자궁 외 임신의 경우 수정란은 어머니의 자궁이 아니라 나팔관에 착상된다. 이 경우에 만일 제거되지 않는다면, 접합자(接合子, zygote), 곧 초기 발달 단계에 있는 수정란은 나팔관을 터지게 만들 것이고, 잠재적으로 어머니를 죽일 것이다. 설령 우리가 그런 생명이 당당한 인격체라고 말하더라도, 그 접합자를 제거하는 것이 도덕적으로 허용될 수 있을까?

만일 내가 아퀴나스의 이중 결과 원리를 정확하게 해석했다면, 그는 "그렇다! 접합자를 제거하라."(혹은, 좀더 정확히 말하자면, "그래. 그 병든 조직을 제거해."라고 말할 것이다.) 어떻게 그런가? 자, 바로 여기서 우리는 이중 결과의 고전적 사례를 만나고 있다. 우리는 발달하고 있는 접합자를 제거함으로써 하나의 선한 목적(어머니의 생명을 살린다)과 악한 목적(접합자, 곧 한 '인격체'를 살해한다)을 실현하고 있다 그러나 아퀴나스는 우리로 하여금 이제는 친숙해진 저 두 질문을 제기하도록 요구하고 있다.

첫째, 그 선한 목적이 우리의 의도이고, 그 악한 목적은 의도되지 않은 것인가? 이 경우에 대답들은 '그렇다'와 '그렇다'이다. 우리는 어머니의 생명을 구하고자 한다. 그 접합자의 죽음은 우리의 의도가 아니다. 우리는 이것을 어떻게 알 수 있는가? 여기서 또 다시 우리는 아퀴나스가 그의 형이상학 논의에서 도입하고 있는 몇몇 용어로 돌아서게 된다. 접합자의 죽음은 우리의 선한 목적에 '본질적'이 아니다. 그것은 우리의 목적에 이르는 수단이 아닌 것이다. 접합자의 (죽음이 아니라) 제거가 추구되고 있다. 만일 어떤 기적에 의해서 단지 며칠밖에 살지 못한 그 접합자가, 일단 어머니로부터 제거된 다음에라도 살아야 한다면, 선한 목적은 아직도 이루어져야 할 것이다. 어머니의 생명은 아직도 구원될 것이다. 그 집합사의 죽음은 어머니의 생명을 우리가 구하는 일을 위한 수단이 아니다. 아퀴나스의 용어로 말하자면, 그것은 '우유적'(accidental)이다. (이것은, 예컨대, 주간보호센터를 폭격함으로서 적을 혼란시키고자 하는, 앞에서 들었던 우리의 예와 대조된다.)

둘째, 그 행위는 악보다 선을 더 낳는가? 또 다시, 대답은 '그렇다!'인 것처럼 보인다. 만일 우리가 아무런 조지도 취하지 않는다면, 어머니와 접합자는 둘 다 죽을 것이다.(어머니는 나팔관

이 터져서 죽게 되고, 접합자는 어머니가 죽기 전까지 홀로 생존할 가능성에 도달하지 못할 것이기 때문이다.) 만일 우리가 그 접합자를 제거한다면 우리는 적어도 하나의 생명, 곧 어머니의 생명은 구하게 된다. 그 행위는 아퀴나스의 표준과 비례관계에 있다. 이리하여 이 경우에 우리가 그 배아(胚芽, fetus)를 제거한다고 해도, 이중 결과의 그 어느 측면도 침해하는 것이 아니다.

이것은 여러 가지 면에서 놀라운 결론이다. 많은 사람들이 가톨릭에 대해서 알고 있다고 생각하는 것들 가운데 하나는 가톨릭이 언제나 낙태에 반대한다는 것이다. 그러나 모든 가톨릭 신앙인들 가운데 가장 정통인 아퀴나스의 논거들을 어머니의 생명에 대한 위협을 포함하고 있는 낙태의 경우들에 적용한다면, 낙태가 얼마든지 허용될 수 있는 것으로 판단될 수 있는 한 가지 경우를 발견하게 된다. 물론 저 위의 장면이 도대체 낙태의 경우를 표상하는지 여부는 대체적으로 낙태를 어떻게 개념하느냐에 달려 있다. 만일 낙태가 한 배아에 대한 의도적 죽임으로 정의된다면, 자궁 외 임신에 이르게 된 우리의 경우는 전혀 낙태를 구성하지 않는다. 배아의 죽음은 의도된 것이 아니기 때문이다.(그것은 어머니의 생명을 구하려는 목적에 우연적이고 우유적인 결과이다) 다른 한편, 만일 낙태가 '배아의 죽음을 낳게 되는 그 생명의 때 이른 제거'라고 정의된다면, 그때 자궁 외 임신의 장면은 참으로 낙태를 구성하게 된다. 그리고 배아의 제거를 아퀴나스는 승인할 것이다.

우리는 지금 토마스 아퀴나스의 자연법 개념이 성, 전쟁, 그리고 낙태(그리고 심지어 치과 치료)와 같은 쟁점들에 관한 현대적 관념들을 형성한 방식들을 살펴보았다. 여러 가지로 나의 논거는 아퀴나스의 관점들이 이 주제들에 관한 현대의 주류적 신념들에 상당히 잘 어울린다는 것이다. 아퀴나스는 자신의 시대를 앞서 가는 사상가였고, 오늘날 대단히 의미가 있는 법저이고 도덕적인 개념들 가운데 많은 것들의 길을 닦았다.

그렇지만 이 경우에 해당되지 않는 적어도 한 가지 영역이 있다. 여기에서 아퀴나스의 관점들은 점점 더 현대적 신념들과 의견이 갈라지고 있다. 이 영역을 탐색하는 데에서 우리는 아퀴나스가 대중화하는[보급하는] 데 그토록 도구적이었던 자연법적 접근법의 하나의 중대한 결점에 직면하게 될 것이다.

문제의 주제는 여성의 역할이다. 이 주제에 관한 그의 논의에서 아퀴나스는 중세인들 일반으로부터 그렇게까지 틀에서 벗어나지는 않았다. 아퀴나스에 따르면, 여자는 본성상 남자를 돕는 자이다. 실상, 그는 특별히 그리고 (거의) 배타적으로 그녀의 도움이 절실한 곳은 출산 영역이라고 논한다.『신학대전』의 그의 말을 들어보자. "여자가 남자의 조력자로 만들어지는 것이 필요했다. 그것은 어떤 사람들이 말하듯이 다른 일들에서의 조력자가 아니다. 왜냐하면 다른 일들에서는 오히려 다른 남자들로부터 좀더 효과적으로 도움을 받을 수 있기 때문이다. 오히려 출산에서의 조력자이다."[44] 요컨대, 그는 여자가 남자에게 필요한데, 자손을 낳는 목적에 필요하다고 말한다. 만일 남자가 어떤 지성적 동료, 대화 상대, 혹은 그가 집 짓는 것을 도와줄 사람을 원한다면, 여자 '조력자'보다는 남자 '조력자'를 선택하는 것이 훨씬 더 도움이 될 것이다. 참으로 여자는 그 본성상 그런 기능들에 봉사하는 데 있어서는 덜 갖추어져(ill-equipped) 있다.

아퀴나스의 평가에서 하느님은 본성적으로 여자에게 어떤 지성적이고 이성적인 기관들을 부여하였지만, 인간의 지성이 천사들의 지성에 못 미치는 것과 마찬가지로, 여자의 지성적 기관들도 남자의 지성에 대한 흐릿한 반영이다. 남성과 여성이 둘 다 출산을 필요로 하지만, 남성이 좀더 고상한 생명 활동으로 질서지워져 있는데, 그것이 바로 지성적 작용이다."[45]

이 시싱적 역량에서의 차이가 남자가 언제나 여자를 지배하는, 남녀 사이의 자연적 위계로 이끈다 "왜냐하면 어떤 사람들이 그들보다 좀더 현명한 다른 사람들에 의해서 다스려지지 않는다면, 훌륭한 질서가 모자라게 될 것이기 때문이다. 그래서 여자는 바로 그런 종류의 위계에 의해서 본성적으로 남자에게 예

---

44. *Summa Theologiae*, I-II, q.92, a.1, 재인용: *Visions of Woman*, ed. Linda Bell, Clifton(NJ), Humana Press, 1983, p.103.
45. Ibid.

속된다. 왜냐하면 남자 안에서는 이성의 분별력이 두드러지기 때문이다."[46] 이 성의 불평등이 바로 하와가 에덴 동산에서 유혹에 넘어가게 된 원인이었다고(유혹에 넘어간 것이 이런 불평등을 낳은 것이 아니라고) 아퀴나스는 확언해 준다. 다시 말해, 여자가 남자보다 덜 합리적이고 남자에게 예속되는 것은 하와의 죄에 대한 처벌로서 그렇게 된 것이 아니라, 사실상 여자가 바로 그 본성상 그러하고, 그것이 왜 하와가 먼저 죄를 짓게 되었는지를 설명해 준다는 것이다. 이것은 미묘한 구별 같이 보이지만, 매우 중요한 구별이다. 만일 남자와 여자 사이의 불평등이, 아퀴나스

---

46. *Summa Theologiae*, I-II, q.165, a.2. 재인용: Bell, *Visions of Woman*, p.111.

가 여기서 주장하는 것처럼, 타락 이전의 일이라면, 그때 그것은 하느님의 의도된 자연적 질서의 일부이다. 이제 친숙해진 용어를 사용하자면, 여자가 남자에게 예속되는 것은 우유가 아니라 창조된 여자의 본질의 일부이고, 에덴 동산에서의 범죄는 하느님께 대한 인간의 불복종의 범죄일 뿐만 아니라, 남자의 권위를 찬탈하려는 여자의 범죄이기도 하다.

여자가 남자보다 열등하다는 이 판단은 종의 산출에 대한 아퀴나스의 묘사로 확장된다. 아퀴나스는 여자가 단순히 새로운 생명이 배양되는 그릇일 뿐이라고 암시한다. 현대의 과학적 용어를 사용하자면, 여자는 새로운 인간 생명에 유전적인 기여자가 아니라는 것이다. 아퀴나스는 여기서 땅에 씨앗을 뿌리는 것과의 유비를 도출한다. 남자는 인간으로 출산될 씨앗을 제공하고 뿌리고, 여자는 단순히 씨앗의 발아를 위한 매체를 제공할 뿐이다.

우리가 논의한 아퀴나스의 다른 논거들과 마찬가지로 여자에 관한 그의 관점들은 대단한 영향을 미치게 되었다. 물론 그의 관념들은, 한 가지 의미에서, 전혀 새로운 것이 아니었다. 힘이 배타적으로 남자의 것으로 간주되고 여자는 [그 점에서] 열등하다는 생각은 아퀴나스보다 훨씬 오래전부터 전해 내려온 유산이다. 그렇지만 다른 의미에서 그의 관점들은 성차별에 새로운 차원을 덧붙였다. 여자에 대한 남자의 우월성은 '단순히' 사제들과 성서학자들의 주장인 것이 아니라, 이제 "이성적" 사실, 자연법과 과학의 주춧돌이었고, 이리하여 어디에서나 모든 민족들이 자명하게 받아들이는 이치였다. 세속주의(secularism)의 발흥과 더불어 사제와 성서학자들은 문제시되었지만, 여자를 거스르는 자연법 논거들은 그대로 남아 있었다.

그리고 이것은 우리가 성, 전쟁, 낙태 또는 여성을 다루든지 간에, 우리의 자연법 사용에 관하여 우리 모두에게 하나의 경고가 되어줄 것이다. 자연법에 의해서 제기된 한 가지 커다란 도전은, 비록 종종 그 옹호자들이 간과하기도 하지만, '현실'(what is) 과 '당위'(what should be) 사이를 구별할 필요이다. 이미 살펴본 대로 아퀴나스는 고립된 삶을 살았다. 다섯 살 때에 그는 온통 남자들만 사는 베네딕토회 수도원에 보내졌다. 나중에 그는 온통 남자들만 다니던 나폴리 대학에서 공부하였으며, 온통 남자들뿐인 도미니코회에 입회하였고, 그 이후에 온통 남자들만 다니던 파리 대학에서 가르쳤다. 그는 결혼한 적이 없으며, 여자와 성관계를 가진 적도 없었다. 그는 여인들과는 의미 있는 경험을 가진 적이 거의 없다. 그는 여자들이 남자들에게 예속되어 있고, 또 지성적 존재자들이라기보다는 육체적인 존재자들로 간주되며 또한 사회적으로, 정치적으로, 그리고 법적으로도 남자들에 의해 지배되고 있던 세상에서 살았다. 이런 일련의 경험들을 전제할 때, 우리는 아퀴나스가 세상을 내다 보고 여자가 '본성적으로' 남자에게 예속되어 있다고 선언한 것은 거의 그것을 놀랄만한 것으로 발견할 수 없다(비록 우리 가운데 일부는 아직도 그것을 실망스럽다고 느끼고 있지만). 그것이 그가 둘러본 세상이다. 그것이 하느님이 자연적 질서가 그러하도록 의도했던 방식임에 틀림이 없다고 그는 생각했다.

그러나 자연법을 이용하는 것은 사태가 진전되어 가는 것을 보도하는 것 이상을 할 것을 요구한다. 살인과 노둑실은 매일 같이 일어난다. 그리고 과학이 이제는 인간이 공격을 향한 유전적 성벽(性癖)을 가지고 있다고 믿는다. 그러나 아퀴나스는 이 행위들이 자연적이고 하느님에 의해서 승인된 것들이라고 말하고 싶지 않았다. 통계에 의하면, 대다수의 미국인들이 자신들의 소득세에 대해 거짓말을 한다는 것을 보여주지만, 아퀴나스는 세금에 대해서 속이는 일이 자연적이고 따라서 자연법의 한 명령이라고 선언하고 싶어 하지 않는다. '현실'이 언제나 '당위'인 것은 아니다. 마찬가지로, (요컨대, 거의 모든 교육적이고 지성적인 추구에서 배제되어 있던 시절인) 1250년대에 여자가 남자와 지성적으로 동등한 존재자가 아니라는 사실이 필연적으로, 그 상황이 하느님이 의도한 것이었다는 것을 의미하는 것은 아니다. 아퀴나스는 이 점을 더 잘 알고 있었을 것이다.

그러나 문제의 사실은 '현실'과 '자연적인 것' 사이를 구별하는 것이 악명이 높을 정도로 어렵다는 것이다. 북미대륙에서 노예제도에 이의가 제기되었을 때, 변화를 거부하던 많은 반대자들은 다음과 같은 자연법 논거의 한 번안(飜案, version)을 만들었다. "흑인들은 1800년대의 남미에서 교육 받지 못했고, 노예화되어 있었다. 그러므로 흑인의 진압은 하느님 창조의 자연적 계획의 일부임에 틀림이 없다. 노예제도를 폐기하는 것은 자연법을 침해하는 처사다." 우리 대다수는 이제 이 논거의 오류를, 그리고 그 끔찍한 불의를 알게 되었다.

그러나 여성에 관한 아퀴나스의 논의는 우리 가운데 가장 총명한 자라고 하더라도 얼마나 쉽게 유사한 오류의 희생물로 전락할 수 있는지, 그리고 또 얼마나 쉽게 우리에게 친숙한 것이 자연적인 것이고 따라서 하느님께서 의도한 것이라고 가정하기 쉬운지를 잘 보여준다. 그의 정치에 관한 논의(제9장)의 한 가지 점에서, 아퀴나스는 한 군주가 자신의 왕국을 통치하는 것을 옹호하고 있다. 그의 입장을 정당화하기 위해서 아퀴나스는 "꿀벌통에서 벌들은 하나의 왕을 가지고 있다"고 말한다.[47] 그것은 지나치는 기회에 말한 순진한 언급이지만, 효력이 있다. 중세를 살

---

47. Thomas Aquinas, *On Princely Government*, ch.2, in *Aquinas: Selected Political Writings*, ed. A. P. D'Entreves, Oxford, Basil Blackwell Publisher, 1959, p.7.

던 이에게는 꿀벌 통의 우두머리가 '왕벌'이어야 한다고 가정하는 것이 그저 자연스럽기만 한 일이었다. 지배하고 인도하는 통치자는 남성이고, 여성은 추종적이고 온순하였다. 만일 이것이 인간 사회에서 사실이라면, 동물의 왕국에서도 역시 사실이어야 했다. 그것은 그럴싸한 가정이었지만, 틀렸다.

    도덕적 쟁점들에 대한, 역사적으로 영향력이 있는 아퀴나스의 자연법 접근법은 그 지지자들에게 전통의 속박을 극복한다는, 믿기 어려운 기회를 제공한다. 다음 장에서 보게 되는 것처럼, 토마스 제퍼슨(Thomas Jefferson)이나 마틴 루터 킹(Martin Luther King, Jr)의 손에서도, 아퀴나스의 이론들은 해방하는 정의(liberating justice)의 원천이 될 수 있다. 그들은 "분명 사물들은 언제나 이런 식으로 이루어져 왔지만, 자연은(그리고 하느님은) 우리가 다른 방식으로 행동할 것을 요구한다"고 말하는 것을 허용한다. 아퀴나스 자신은 종종 자신의 자연법 이론들을 바로 이런 식으로 적용하여, 때때로 인간 정의의 쟁점들에서 장족의 진보를 이루어냈다. (우리는 이어지는 장에서 이런 몇몇 예들을 논할 것이다.) 그러나 자연법의 그 어떠한 사용의 표면 아래에도 위험은 숨어 있다. 하느님과 자연의 길들을 감지해내는 대신에, 우리는 어쩌면 우리 자신을 비추고 있는 것인지도 모른다. 우리는 자칫 자연적인 것을 우리에게 친숙하고 편리한 것과 혼동하고 있는 것인지도 모른다. 그리고 친숙하고 편리한 것과 의로운 것 사이에는 종종 차이가 있는 법이다.

정확히 아퀴나스에 따라 의로운 것을 면밀히 살펴보고, 이것이 정치와 시민법에 관한 그의 관점들을 형성하는 데 기여하는지를 확인하기로 하자.

9. 정치

"어떤 법이 의로운지 혹은 의롭지 않은지를 어떻게 결정할 수 있는가? 의로운 법은 도덕적 법이나 신법(神法, lex divina)과 일치하는 인간이 만든 법전(code)이다. 불의한 법이란 도덕적 법과 조화를 이루지 못하는 법전이다. 성 토마스 아퀴나스의 용어로 표현하자면, 불의한 법이란 영원법과 자연법에 뿌리 내리고 있지 않은 법이다. 인간 인격을 향상시키는 법은 의롭고, 인격을 격하시키는 법은 불의하다."

법에 대한 아퀴나스의 접근법을 격찬하는 이 말들은 교황이나 어떤 사제가 한 말이 아니다. 그것은 가톨릭이 아니라, 침례

교 목사의 말이다. 이것은 마틴 루터 킹이 1963년 부활절 주일에 앨라바마(Alabama) 주 버밍햄(Birmingham) 감옥에서 쓴 말이다.48) 3일 전 킹은 그 도시의 인종차별적 법에 항의하고, 허락없이 대중 집회를 열다가 체포되었다. 버밍햄 성직자들(그들 대다수는 그를 법을 위반한 민중 선동가로 단죄하였다)에게 보낸 공개 서한에서 킹은 자신의 행위들을 정당화하려고 시도하였다. 그는 의미심장하게도 토마스 아퀴나스에게 호소하였다.

  국가의 법에 불복종하는 것이 도대체 정당할 수 있는가? 법 자체가 불의할 때, 그 법을 어기는 것이 허용될 수 있는가? 아퀴나스가 무대에 등장하기 전까지는 대다수의 그리스도인들에게

---

48. Martin Luther King, Jr., "Letter from a Birmingham Jail", in *A Testament of Hope*: *The Essential Writings of Martin Luther King*, Jr., ed. James M. Washington, San Francisco, Harper & Row, 1986, p.293.

그 두 질문에 대한 대답은 무조건 '아니오!'였다. 부분적으로는 사도 바오로(특히 로마서 13장)에 대한 논쟁적 독법(讀法)에 기초해서, 그리고 아우구스티누스의 (특히 『신국론』에 대한) 피상적인 독서에 기초해서, 많은 그리스도인들은 왕이나 군주에게 불복종하는 것을 하느님께 불복종하는 것으로 간주하였다. 결국 전능하신 하느님은 피조물들을, 심지어 우리의 머리카락 한 올까지도 철저히 통치하신다. 분명 그는 백성을 다스리고 어떤 법을 제정해야 하는지를 결정할 자들을 임명한다. 아우구스티누스가 말하는 것처럼, "어떤 이들에게는 왕국이 부여되고 다른 이들에게는 왕에게 복종하도록 만들어지는 일이 일어난다. 그러나 하느님의 섭리가 작용하지 않은 것이 아니다."[49] 국가에 복종하지 않는 것은 하느님께 불복종하는 것이다.

만일 정치에 관한 이 관점들이 사실이라면, 토마스 제퍼슨과 마틴 루터 킹과 같은 이들은 실패할 것이다. 제퍼슨은 영국 왕의 세금 부과에 저항할 수 없었을 것이다. 왜냐하면 하느님이 당신의 무한한 지혜로 조지 왕(King George)이 통치하도록 결정하였기 때문이다. 그리고 흑인인 마틴 루터 킹은 버밍햄의 한 식당에서 "백인석" 자리에 앉을 수 없었을 것이다. 만일 버밍햄이 인종차별주의자들에 의해서 이끌리고 인종차별적 법에 의해서 통치된다면, 이것도 역시 하느님의 뜻임에 틀림없다. 혁명과 그 유순한 사촌인 시민불복종은 둘 다 그 정의상 도덕적으로 받아들여질 수 없게 될 것이었다. 심지어 최악의 폭군이라고 하더라도 하느님으로부터 임명받은 것으로 보이게 될 것이고, 언제까지나 그리스도인들에 의해서 복종의 대상이 되어야 했을 것이다.

아퀴나스는 자신의 작품 『군주통치론』(『왕권』이라고도 알려져

---

49. Augustinus, *City of God*, 18.2 (성염 옮김: 『신국론』, 분도출판사, 2004,)

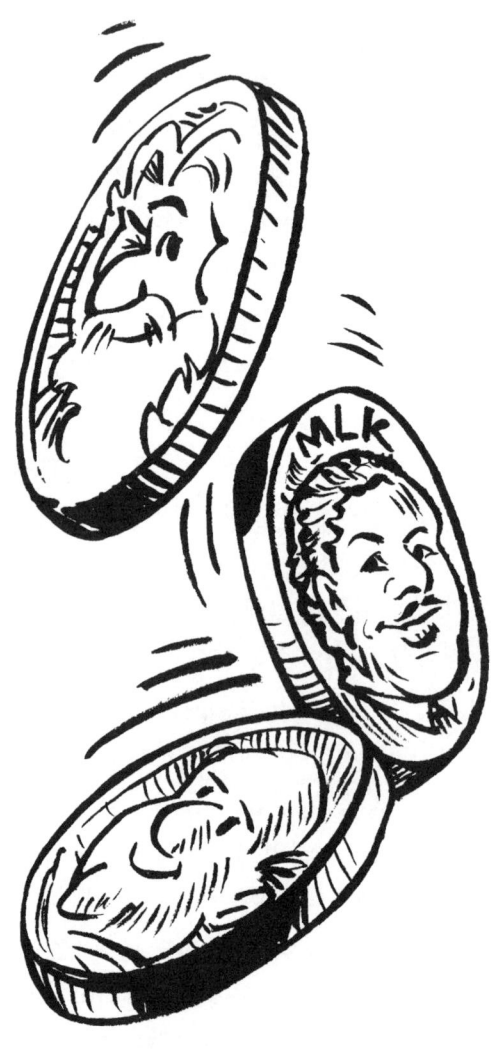

있다)에서 매우 다른 견해를 피력한다.[50] 각 삶이 궁극적 목적을 가지고 있는 것처럼, 모든 왕이나 군주도 마찬가지다. 그리고 각자를 위한 목적은 정확히 동일하다: 선, 곧 하느님인 것이다. 왕과 국가는 오직 그 선을 추구할 때라야 비로소 하느님이 설정한 자신들의 본질(본성)을 채울 수 있다. 그들이 만일 악한 목적을 추구한다면, 그들은 자신들에게 맡겨진 책무를 이행하지 않을 뿐만 아니라, 또한 (적어도 한 가지 의미에서) 더 이상 전혀 "왕"이나 "국가"가 아니기도 한 것이다.(왜냐하면 아퀴나스에게 있어서 왕과 국가는 '그 정의상' 정의와 선을 추구하기 때문이다.) 무엇이 군주제를 최고의 통치 형태로 만드는가? 그것은 지향에 있어서 선하고, 실천에 있어서 매우 효과적인 것이다. 그것이 선한 이유는 군주가 의로운 목적, 곧 하느님께 헌신하기 때문이다. 그리고 그것이 효과적인 이유는 단독 통치자로서 마치 이의제기나 도전없이 국가라는 배를 그 지정된 항구로 이끌어 가는 배의 선장과 같기 때문이다. 그의 선한 통치는 도전을 받지 않고, 그의 초점은 선명하다.

그 다음으로 가장 바람직한 통치 형태는 아퀴나스가 "귀족정치"(aristocracy)라고 부르는 것이다. 아퀴나스의 용어에서 '귀족정치'는 모두 공동선(共同善, bonum commune)인 하느님을 추구하는 소수의 개인들에 의해서 통치되는 것을 가리킨다. 미국의 상원의원을 상상해 보라. 거기에서는 각 상원의원이 궁극적으로 정의에 헌신하고 정치적이고 개인적 이익을 위해 행동하기보다는 배타적으로 공동선을 추구한다. (분명, 당신은 당신의 상상력을 아주 조금 여기로 뻗쳐야 할지 모른다.) 이런 정부는, 비록 군주제만큼 바람직한 것은 아니라고 하더라도, 가장 선할 것이

---

50. Aquinas, *On Princely Government*, in D'Entreves, *Aquinas: Selected Political Writings*, pp.2-42.

라고 아퀴나스는 생각한다. 귀족제의 단점은 무엇인가? 효과이다. 상원의원들의 지향이 선이기는 하지만, 그들은 불가피하게 그것에 대한 서로 다른 전망들을 가지고 있을 것이다. 한 상원의원이 노인들을 돕고자 할 때, 다른 위원은 교육 증진을 위해 일하고 있을 것이다. 그렇지만 그들은 아직도 한 단위로서 투표를 해야 하고, 다양한 제언들 가운데 어느 것이 이행되어야 하는지를 결정해야 한다. 결과적으로, 그만큼 이루어지지는 않는다. (당신은 당신의 상상력을 '저' 상원의원과 같은 사람을 그려보는 데까지 뻗쳐서는 안 된다.)

그 다음으로 가장 바람직한 것은 '정체'(polity)이다. 이것은 각각 공동선 또는 하느님을 추구하고 있는 다수(혹은 '모든': 그러나 아퀴나스는 여자가 '모든 사람' 속에 포함되리라고는 결코 상상하지 않았다)에 의한 규제이다. 그것은 훌륭한 통치 형태이다. 왜냐하면 모든 사람들의 마음이 올바른 곳에 있기 때문이다. 하지만 아퀴나스는 그것이 매우 비효과적이라고 지적한다. 선의의 개개인들도 선이 무엇을 요구하는지에 대해 너무도 다양한 관념들을 가지고 있어서 중요한 문제들이 끝도 없는 논쟁과 타협으로 난항에 빠지게 된다. 이런 것이 정체의 단점이다.

다음으로는 불의한 통치 형태들이 온다. 이 모든 것들은 개개인들이 공동선보다는 자기 이익에 연루된다는 사실에 의해서 불의한 것들로 정의된다. 불의한 통치 형태들 가운데 가장 덜 불

> 자, 이제 우린 확실치 않은 후원자도 포함할 겁니다...

의한 것은, 아퀴나스에 따르면, '민주주의'(democracy)이다. 많은 현대적 독자들은 아퀴나스가 민주주의를 '불의한' 통치 형태로 분류했다는 것에 대해 놀라거나 심지어 충격적으로 받아들일 것이다. 그러나 우리는 지금 왜 그런지를 이해할 수 있는 도구들을 가지고 있다. 민주주의에서는 각각의 시민이 투표하게 된다. '정체'와 마찬가지로 그것은 '모든 사람들'에 의해서 규제된다. 그러나 시민들은 민주주의에서 (정체의 구성원들이 하듯이) 공동선을 위해 투표하기보다는 자기 자신들의 이해에 따라 투표한다. 이것이 적어도 민주주의에 대한 아퀴나스의 규정이다. (그렇다고 칠 때, 그것은 우리 자신의 경험의 진리로부터 그리 멀리 떨어져 있지 않다. 당신은 '백성은 자신들의 지갑에 따라 투표한다'는 말을 들어본 적이 있는가?) 민주주의는 이리하여 통치의 악한 형태이지만, 적어도 악한 목적들을 추구하는 데 있어서 비효과적이라고 아퀴나스는 논한다. 정체가 끝없는 논쟁에 빠지는 것과 마찬가지로, 민주주의도 역시 그러하다. 만일 당신이 통치의 어떤 불의한 형태를 채택하려 한다면, 민주주의는 채택하기에 최선의 것이다. 왜 그런가? 왜냐하면 수많은 악한 목적들이 실제로는 이루어지지 않기 때문이다.

아퀴나스의 관찰은 여기서 (현대의 민주주의들이 역사적으로 발생하기 수 세기 전이기 때문에) 예언적이라는 것이 입증된 셈이

다. 실상 누군가는 (입법부, 사법부, 행정부가 있어, 서로서로의 활동들에 대해 '견제와 균형'을 맞추도록 되어 있는) 미국의 삼권분립의 통치 형태가 동일한 원리에 기초하고 있다고 논할지 모른다. 수많은 견제와 균형 장치로 이루어져 있고 때때로 비효과적인 정부는 서서히 불의한 목적들을 향해 움직인다. 파국은 피할지 모르지만, 목적하는 선도 더디게 성취될 것이다. 미국 헌법을 정교하게 다듬은 제임스 메디슨(James Madison, 제4대 대통령)과 같은, 미국의 일부 창설자들의 명시적인(그러나 종종 잊혀지곤 했던) 의도는 이러한 정부였다. 아퀴나스에 따르면, 민주주의의 본성이 일반적으로 그러하고, 이것은 그런 종류의 힘이다. 민주주의의 형태들은 이기적 행동을 조장할지 모르지만, 적어도 그리 많은 성취를 이루지는 못한다.

민주주의보다 더 나쁜 것이 '과두정체'(oligarchy)이다. 이 경우에는 귀족정치처럼 소수의 개인들에 의해 통치되기는 하지만, 그 지도자들은 선을 추구하는 것이 아니라, 자기 자신들의 이기적 목적들을 추구한다. 그것이 불의한 정치 형태인 이유는 그 지도자들이 공동선을 추구하지 않기 때문이다. 그리고 그것이 민주주의보다 더 나쁜 이유는 불의한 목적들을 달성하는 데

좀더 효과적이기 때문이다.

　불의한 통치 형태 가운데 가장 효과적인(따라서 가장 불의한) 형태를 아퀴나스는 '전제정치'(tyranny)라고 말한다. 이것은 군주제와 마찬가지로 한 사람에 의해서 단독으로 통치되지만, 그 통치자가 자기 자신의 이기적 목적들만을 추구하는 형태이다. 경쟁 세력이 없이(곧, 견제와 균형 장치가 없이) 이 폭군은 자기 백성을 엄청난 불행으로 몰아갈 수 있다. 아돌프 히틀러(Adolf Hitler, 1889-1945)를 생각해 보라. 히틀러의 통치를 그토록 해로운 것으로 만든 것은 그가 악한 목적들을 가지고 있었다는 사실이 아니다. 불행하게도 그런 정치가들은 많다. 보다 중요한 것은 그가 그토록 악했고 '또한' 백성을 그토록 효과적으로 그의 악한 목적들에 끌어들였다는 사실이다. 독일에서는 그의 정치 세력에 도전할 수 있거나 도전할 의지를 가지고 있는 사람이 하나도 없었기에, 그는 기침없이 자신의 "최종 해결책" 관점을 끔찍하게도 완성에 가깝게 근접시켰다. 전제정치를 가장 바람직하지 않은 통치 형태로 만드는 것은 바로 이 효과이다.

아퀴나스의 기민한 추종자는 여기서 하나의 딜레마를 느낄 수도 있다. 만일 당신이 새로운 정부를 확립하는 데 관심을 기울인다면, 아퀴나스는 당신이 단 한 사람에 의한 통치를 선택할 수도, 또 선택하지 않을 수도 있다고 말하고 있는 것으로 보인다. 그 통치자가 의로운 것으로 판명난다면, 당신은 가장 바람직한 통치 형태인 군주제를 확립한 것이다. 그러나 만일 그 통치자가 불의한 것으로 드러난다면, 당신은 최악의 통치 형태인 폭군제 아래 놓이게 된다. 당신은 어떻게 해야 하는가?

적어도 『군주통치론』에서 아퀴나스는 그것을 선택하라고, 한 사람이 전권을 장악하는 정부를 채택하라고 말한다. 왜 우리는 그런 위험천만한 길을 추구해야 하는가? 여기가 인간성에 대한 아퀴나스의 낙관주의가 드러나는 또 하나의 지점이다. 아퀴나스가 사람들이 일반적으로 자기 이성과 지성을 통해서 하느님에 관한 진리를 배우기에 충분할 정도로 똑똑하고(제2장), 쾌락에 매몰되지 않으면서도 성관계를 할 만큼 충분히 도덕적이라고(제6장) 생각하는 것과 마찬가지로, 그는 또한 사람들이 일반적으로 의롭게 통치할 정도로 충분히 선하다고 생각한다. 그는 이렇게 논한다. 그렇다, 한 개인에 의해서 통치되는 것이 문제이기는 하지만, 그것은 오로지 그 개인이 불의한 경우에만 해당되는 말이다. 그런데 '사람들은 의롭게 행동하려는 경향을 가지고 있다.' 더욱이, 아퀴나스는 계속한다, 선은 악보다 더 강해지려는 경향이 있다. 왜냐하면 단 하나의 궁극적 선(하느님)이 있지만, 개인적인 목적과 목표들이 있는만큼 악들도 많기 때문이다. 선과 그 지지자들은 단결되어 있지만, 악은 나누어지려는 경향이 있다. 이리하여 훨씬 더 자주 선이 악을 이기는 것이다. 따라서 한 사람이 전권을 장악하는 통치 형태가 비록 폭압적으로 전락할 '수'는 있다고 하더라도, 그 형태를 지지하는 것은 의미가

9. 정치 **161**

있다.

여러 해가 지나서 아퀴나스는 『신학대전』에서 이 관점을 완화시킨다.[51] 어쩌면 필생의 경험이 그의 젊은 시절의 낙관주의를 조정하도록 도왔을 테지만, 아퀴나스는 혼합된 통치 형태를 옹호하게 되었다. 그것은 군주의 통치가 귀족제(강력하지만 소수의

---

51. *Summa Theologiae*, I-II, q.105, a.1.

선택된 지도자들)에 의해서 견제되고, 이것들은 둘 다 다시 '정체'(polity)에 의해서 견제되는(모든 피통치자가 함께 그 귀족정치가들을 선택한다) 혼합된 형태이다. 우리는 『신학대전』에서 통치 형태에 관한 아퀴나스의 관점들을 읽으면서, 그의 논거들과, 미국의 통치 형태의 기초 밑에 깔려 있는 철학 사이의 병행에 매우 놀라게 된다. 메디슨이 몇 세기나 지나서 할 것처럼, 아퀴나스도 백성이 일반적으로 선하다고, 그리고 그들의 지혜와 경험을 받아들여야 한다고 주장한다. 그러나 조심스럽게, 곧 나쁜 결과들을 방지하기 위해 제정된 "견제와 균형"의 장치와 함께 그렇게 해야 한다. 실상 500년이 지나서 메디슨이 한 것처럼, 아퀴나스는 『신학대전』에서 어느 한 가지의 지나침을 막을 안전장치 역할을 하도록 3부 체계(곧 세 부서로 분리된 정부)를 제안한다. "이런 것이 (한 사람이 수장이라는 의미에서의) 왕권과 (여러 사람이 덕에 따라 통치한다는 의미에서의) 귀족제와 (지도자들이 백성들 가운데서도 선출될 수 있고 또 통치자의 선택이 백성에게 속한다는 의미에서의) 정체(democratia, polity), 곧 백성의 힘의 훌륭한 혼합으로 이루어진 통치 형태이다."[52]

    이런 구절들에서 우리는 또한 왜 아퀴나스가 토마스 제퍼슨이나 마틴 루터 킹과 같은 사람들에게 그토록 평판이 좋은지를 보기 시작할 수 있다. 통치에 관한 아퀴나스의 관점은, 왕이 하느님에 의해서 임명되고 그들의 명령은 곧 하느님 자신의 명령과 동등한 효력을 갖는다는, 이른바 '왕권신수설'(王權神授說)이 아니다. 아퀴나스는 좀더 정교한 체계를 제시한다. 심지어 진짜

---

[52] Ibid. 메디슨(James Madison, 1809-1817)의 삼부 체계의 구성요인들은, 물론, (아퀴나스의 백성, 대의원, 군주가 아니라) 사법부, 입법부, 집행부로 구성되어 있다. 그러나 그의 목적은 아퀴나스의 것과 비슷하였다. 곧 정부의 어느 한 축의 권력을 조정하려는 것이다.

군주(그 권력을 귀족정치인들과 백성으로부터 견제받지 않는 왕)라고 하더라도, 자신의 통치권을 백성으로부터 받고, 오직 그가 공동선, 곧 하느님을 추구할 때에만 비로소 복종을 받을 자격이 있다. 그렇게 하는 것이 우선적으로 그의 왕직에 본질적이다. 아퀴나스의 정의에 따르면, 불의한 목적을 추구하는 통치자는 전혀 왕이 아니라, 폭군이다. 그리고 우리는 어떤 폭군에게도 충성을 바칠 의무가 없다. 소수의 사람들에 의한 통치(귀족제/과두정체)나 모든 이에 의한 통치(정체/민주제)의 경우에도 마찬가지다. 각각의 경우에 이 통치 형태들이 선을 추구할 때에는 그들에게 복종을 해야 하지만, 그들이 의로운 길에서 벗어난 경우에는 불의한 제도들로 전락하고 만다. 당신의 도덕적 의무는 무법자에게가 아니라 공동선에 고정된 채로 남아 있다. (아퀴나스는 불의한 통치 형태들이, 비록 우리가 그들에게 충성을 바칠 의무가 있는 것은 아니지만, 오직 실천적인 이유들 때문에, 충성을 받아야 할 때가 있다고 시사한다. 치러야 할 폭동의 값이 때로는 폭군을 견뎌내는 것보다 더 비싸기도 하다고 아퀴나스는 경계하는 것이다.)

더욱이 (그리고 이것이야말로 그의 정치 철학을 이해하는 데 핵심 요점이다) 아퀴나스는 여하한 의로운 개개인도 '자연적으로' 여하한 의로운 정부에 대해 복종할 것이라고 지적한다. 만일 당신의 정부가 예컨대 살인자를 사회에서 매장하는 규정(어떤 의로운 규정)을 가지고 있고, 당신이 (당신의 이성을 따라 자연법을 지키는) 도덕적인 인사라면, 당신은 국가를 무서워해야 할 아무런 이유도 없다. 참으로 그 법은 어떤 방식으로도 당신을 억제하지 않을 것이다. 왜? 왜냐하면 당신은 살인을 저지르려는 성향을 전혀 가지고 있지 않기 때문이다. 당신이 한 개별 시민으로서 당신의 이성을 통해 공동선을 추구하고 있고, 또 당신의 입법자들과 지도자들이 자기들의 이성을 통해서 공동선을 추구하고 있다면, 충돌이 있을 수 없다. 당신은 경찰, 법, 감옥이 있는 사회 속에서 살고 있겠지만, 그들은 당신의 경향들을 강제하지 않는다. 오직 불의한 자들만이 살인에 반대하는 법에 의해서(혹은 여하한 의로운 법에 의해서도) 쇠고랑을 차게 된다. 그리고 오직 '불의한' 법만이 의로운 이들을 속박할 수 있다.

이것은 마틴 루터 킹도 놓치지 않았던 요점이다. "버밍햄 감옥에서의 편지" 한 구절에서 킹은 아우구스티누스를 인용하며 "불의한 법은 전혀 법이 아니"라고 선언한다. 그 편지의 다른 많은 관념들과 마찬가지로, 이것은 참으로 토마스주의적 요점이다. 아퀴나스에 따르면, 불의한 법에 대해서는, 그것이 전혀 법이 아니기 때문에, 복종할 의무가 없다. 법이란 그 정의상 "공동선을 향한 이성의 법령"이다.[53] 제4장에서 우리가 형이상학을 논하던 토론의 용어를 사용하자면, 법이 선에 봉사하는 것은 그것이 지니고 있는 어떤 '본질적 속성' 때문이다. 어떤 기하학적 도형이 삼각형이기 위해서는 세 개의 각을 가지고 있어야 하는 것처럼, 시민적 규정이 하나의 법이기 위해서는 반드시 공동선을 추구해야 한다. 만일 어떤 정부의 법령이 예컨대 우리가 아이들을 고문하기를 요구했다면, 우리는 그것에 불복종한다고 해도 그 법을 어기는 것이 아닐 것이다. 적어도 아퀴나스의 용어에 따르면 그렇다. 그 법령은, 정의상, 전혀 법이 아니기 때문이다. 그것은 오히려 법의 타락이다. 우리의 의무는 공동선에 대한 것인 채로 남아 있고, 그 포고령에 대한 우리의 '불복종'은 오히려 도덕적으로 의무적인 것이 될 것이다.

이것은 예외적인 주장이다. 대다수의 그리스도인들이, 어느 개인이 자기 자신을 위해 왕, 군주, 그리고 법의 자격을 결정할

---

53. Ibid., q.90, a.4.

역량을 과연 갖추고 있는지에 대해 의심하던 시절에, 아퀴나스는, "백성의 힘"을 기초로 삼고 있고, 또 시민들이 옳고 그름을 지속적으로 판단하기 위해 자신들의 천부적 속성들(곧 이성과 지성)을 사용할 것을 요구하는 정치 체계를 제시하였다. 이것은 단순한 생각이지만, 그 결과는 혁명적이다. 아퀴나스가 말하는 것처럼, "공동체도, 설령 지속적인 충성을 약속했다고 하더라도, 폭군을 폐위시켰다고 해서 불충하다고 고발되지 않을 것이다. 왜냐하면 폭군 자신이 공동체의 통치자로서의 자신의 직분의 의무를 이행하는 데 실패함으로써 그런 취급을 받도록 내맡긴 것이고, 그의 신하들은 더 이상 그에게 했던 맹세에 묶여 있지 않기 때문이다."[54]

---

54. Aquinas, *On Princely Government*, 6, in D'Entreves, *Aquinas*, pp.16-17.

제퍼슨이 〈독립선언문〉에서 "어떤 형태의 정부든지 [그] 목적을 파괴하게 되면, 그것을 변경하거나 철폐하고, 새로운 정부를 설정하는 것은 백성의 권리이다."라고 썼을 때, 바로 그 점을 지적한 것이 아니었던가? 그리고 역시 킹이 버밍햄의 인종차별주의자들의 법에 불복종하며 "우리는 히틀러가 독일에서 행한 모든 것이 '적법'하고, 자유의 투사들이 행한(…) 모든 것이(…) '불법적'이라는 것을 결코 잊을 수 없습니다."라고 지적했을 때에도, 바로 그 점을 지적한 것이 아니었던가?[55] 제퍼슨과 킹에게는 마찬가지로 무법자들은 불의한 법령들에 맞서는 이들이 아니라 그것들을 제정하는 자들이다.

아퀴나스에게는, 수 세기 뒤의 제퍼슨과 킹에게와 마찬가지로, "법"이란 그 정의상 의로운 것이고, 불의한 법은 전혀 법이 아니다. 개념은 아주 단순하지만, 그 함의는 글자 그대로 혁명적이다.

---

55. King, "Letter from a Birmingham Jail", pp.294-295.

10. 아퀴나스 읽기

어쩌면 앞 장의 마지막 문장은 토마스 아퀴나스의 사상 일반을 위한 슬로건 역할을 할 수 있을 것이다: '개념들은 단순하지만, 그 영향은 혁명적이다.' (좋다! 제7장에서의 이중 결과에 관한 논의가 완전히 단순한 것은 아니었다는 것을 인정한다.) 나는 현대 사회가 바로 아퀴나스의 관점들이 너무도 주류가 되고 보편적이 되어버렸기 때문에, 그가 우리의 사고 방식에 미친 공헌을 평가절하하고 제대로 감상하지 못하는 경향이 있었던 것은 아닌지 의심한다. 이제 우리는 이성을 찬양하고, 권위를 문제 삼고, 인권을 인정하고, 자연법을 설정하고, 우리의 범죄 규정에서 지향에 무게를 두고, 의로운 전쟁에 대해 말하고, 도덕적 행위들의 이중 결과를 바라보는 그런 사회에 살고 있다. 만일 당신이 로만 가톨릭 신자라면, 당신은, 게다가 13세기의 이탈리아 아퀴노 출신의 겸손한 책벌레의 논거들에 뿌리를 두고 있는 하느님, 인간,

천사, 자유 의지, 출산 조절, 혼전 성관계, 낙태, 그리고 심지어 치과치료와 같은 개념들도 가지고 있을 것이다.

일찍이 그토록 세밀한 주제들에 대한 그토록 방대한 분량을 취급한 철학자는 거의 없었다. 독자에게 이보다 더 큰 도전장을 내민 작가도 거의 없다. 그리고 그토록 오해를 받은 사상가는 드물다. 이리하여 나는 이 책을, 당신이 이제 충분히 영감을 얻어 아퀴나스를 더 깊이 탐험하리라는 희망을 품고, 또 당신이 그의 몇몇 작품들을 스스로 읽어보라고 촉구하며 마무리하지만, 나는 그 과제가 만만치 않은 것임을 인정하지 않을 수 없다.

아퀴나스의 작품들은 읽기가 쉽지 않고 기발하다. 그의 작품들은 긴 편이다. (좋다! 솔직히, 사실상 길다.) 신학의 모호한 요점들에 대한 아퀴나스의 열다섯 번째 반론을 읽다 말고, 보통의 독자라면 '이제 그만, 됐어! 도대체 요점이 뭐야?'라고 소리치고 싶을지도 모른다. (만일 당신이 당신의 거주지에 있는 가톨릭 신학교 곁을 지나치며 귀 기울여 듣는다면, 어쩌면 당신은 한밤중에 그 단어들이 그 교정을 가로 질러 들려오고 있는 것을 깨닫게 될지도 모른다.)

그러나 아퀴나스의 작품들을 조금이나마 더 쉽게 읽고 이해할 수 있게 만들어줄 약간의 기교들이 있다.

아퀴나스의 생애가 짧았음에도 불구하고(그는 50세를 다 채우지 못하고 생을 마감했다), 그는 60권 이상의 작품들을 후세에 남겼다. 대다수의 학자들에게 토마스를 읽는다는 것은 그의 『신학대전』(Summa Theologiae)이라는 방대한 작품과 씨름한다는 것을 의미한다.[56] 이 책에서 다룬 아퀴나스에 관한 대부분의 요

---

56. (*역자주)『신학대전』이 얼마나 방대한 작품인지를 손쉽게 가늠해 볼 수 있는 방법이 있다. 플라톤(Plato, 427-347 BC)이 우리에게 물려준 문헌 유산은 모두 어림잡아 50만 단어에 이르고, 그 제자인 아리스토텔레스(Aris-

점들은 모두 이 믿기 어려운 '신학의 요약'(summation of theology)에서 찾아볼 수 있다. 『신학대전』에서 아퀴나스는 비교적 겸손하게 그리스도교 교리에 대한 단순한 학생용 독본을 쓰는

---

toteles, 384-322 BC)의 유산은 100만 단어인데 비해, 겨우 50세도 다 채우지 못하고 생을 마감한 토마스 아퀴나스의 경우에는 저작 총량이 무려 1,100만 단어를 넘고, 그 가운데 『신학대전』 한 작품의 분량만 하더라도 플라톤과 아리스토텔레스의 유산 총량을 합친 것에 맞먹는 150만 단어에 달한다.(A. 케니, 『아퀴나스의 심리철학』, 즐역, 가톨릭대학교출판부, 1999, 14-15쪽) 또 다른 비교로는, 신·구약성경 전체의 세 배에 해당되는 분량이다.(양명수, 『토마스 아퀴나스의 '신학대전' 읽기』, 세창미디어, 2014, 6쪽)

일에 착수한다. 그는 "머리말"에서 많은 신학 서적들이 무질서하고 연결이 엉성해서 "학생들의 마음에 지겨움과 혼란만 낳는다"고 지적한다. "하느님의 도우심에 힘입어서" 아퀴나스가 하고자 하는 것은 거룩한 교리에 속하는 쟁점들을 "짧고 명료하게"(breviter ac dilucide) 다루겠다는 것이다. 그 결과가 38개의 '논고'(tractatus), 3,120개의 절(articulus)인데, 논의의 기본 단위를 이루는 이 '절'에서는 10,000개 이상의 반론들이 제기되고, 그에 대해 일일이 '해답'이 제시되고 있다. 짧다고는 하지만, 너무도 많다!

그러나 당신이 그 텍스트를 어떻게 읽는지를 알게 되면, 거기에 '명료함'이 있다.『신학대전』전체는 문답 형식으로 짜여 있다. 묻는 것도 아퀴나스이고, 답변을 제공하는 것도 아퀴나스이다. 실상 각각의 절(articulus)들은 "최고선인 하느님이 악의 원인인가?"라는 비교적 접근이 용이한 질문에서부터 "감각상들로부터 추상된 가지상들은 포착되는 그대로 우리 지성과 관계를 맺는가?"(나는 지금 농담을 하는 것이 아니다)와 같이 믿을 수 없을 정

도로 정밀한 질문에 이르기까지 특수한 문제들을 고찰한다. 각각의 경우에 아퀴나스는 그가 그 질문에 대해 결국 채택하게 될 답변에 대한 일련의 "반론들"로부터 시작한다. 만일 그가 예컨대 하느님이 악의 원천이 아니라고 생각한다면, 그는 먼저 하느님이 악의 원천이라고 생각하는(또는 생각하는 것으로 나타나는) 저자들의 논거들을 요약할 것이다. "반론들"(obiectiones)에서 표현된 관념들을 아퀴나스 자신의 신념들로 간주하는 어리석은 잘못을 범하지 마라. (많은 초심자들의 신학 논문들이 바로 이런 실수 때문에 이르고 당혹스러운 결말에 이르게 된다.) 이 "반론들"은 대부분의 경우에 토마스 자신의 입장들의 '반대편'을 대표한다. 그는 단순히 다른 사람들이 말한 것을 열거할 뿐이다.

각각의 질문에 대해, 그는 다음으로 "그러나 반대로"(Sed contra)로 시작되는 '재반론'을 제시한다. 거기서 그는 동일한 문제에 대해 (앞의 반론들과는) 반대되는 입장을 취한 저자들을 (흔히 짧게) 인용한다.

그런 다음에는 "나는 대답한다"(Respondeo)로 시작되는 '답변' 부분이 온다. 여기는 문제의 질문에 대한 아퀴나스 자신의 관점들이 제시되는 자리이다. 이것은 논리적으로 분절화된 그 자신의 철학이고 신학이다.

마지막으로, 각 절은 반론들에 대한 '해답'(solutio)으로 마무리된다. 이 부분에서는 문제의 앞머리에서 인용된 각각의 반론들에 대해 하나하나 '해답'이 제시된다. 여기서 아퀴나스는 흔히 문제의 저자가 어디에서 잘못했는지, 또는 그 저자가 어떻게 잘못 이해했는지를 설명한다. 이 부분은 '답변'의 본론 부분과 더불어 아퀴나스 자신의 신념과 논거들을 대표한다.

이 동일한 낯선 형식은 『신학대전』에서 3,120번에 걸쳐 충실하게 반복된다. 그래서 아퀴나스가 제기하는 각각의 질문에 대해 당신은 다음과 같은 일관된 순서를 발견하게 된다.
질문

[반론]
반론 1
반론 2
반론 3

[재반론] "그러나 반대로 …"

*[답변]

*[해답]
*제1답
*제2답
*제3답

(앞에 별표[*]가 붙은 부분은 아퀴나스 자신의 논거나 신념들을 가리킨다.)

이 모든 것이 『신학대전』의 각 페이지 위에서 실제로 논점들이 다뤄질 때 어떻게 구체화되는지 한 가지 가상적 예를 들어 보겠다:

제7문 단백질
(전37절)

제1절 땅콩버터의 좀더 완전한 형태는 '거친 형'(chunky)인가,

아니면 '고운 형'(smooth)인가?

[반론] 우리는 제1절에 대해서 다음과 같은 순서로 전개한다.
반론 1. '거친 형'이 땅콩버터의 좀더 완전한 형태인 것으로 보인다. 왜냐하면 플라톤은 하나의 사물은 그 본래적 형태에 좀더 가깝게 근접할수록 더 완전하다고 논하고 있기 때문이다. 그런데 땅콩버터는 땅콩을 그 본래적 형상으로 삼고 있다. 그러므로 '거친 형'은 땅콩의 완전성을 좀더 많이 가지고 있기 때문에, 땅콩버터의 좀더 완전한 형태이다.
반론 2. 또한 '철학자'에 따르면, 대상은 존재에 좀더 직접적으로 기여하는 것이 좀더 완전하고, 존재가 손상된 대상일수록 덜 완전하다. 그런데 '고운 형'은 입천장의 위와 아래를 접합시키며 입천장에 들러붙으려는 경향 때문에 존재성이 부족하다.(지난 해 시칠리아에서는 수많은 비극적인 질식사가 일어났다.) 그러므로 '거친 형'이 좀더 완전한 형태이다.

[재반론] 그러나 반대로, 베드로와 바오로는 함께 "때때로 당신은 땅콩[바보]처럼 느끼지만, 또 때로는 그렇게 느끼지 않는다"고 선언하였다.

[답변] 나는 대답한다. 어떤 것이 완전한 데에는 두 가지가 있다. 첫째는 그 수단에 관해서이고, 둘째는 그 목적에 관해서이다. 그런데 '고운 형'은 그 수단과 관련해서 좀더 완전한 땅콩버터이다. 왜냐하면 그 물리적 속성들 때문에, 그것은 영양섭취만을 위해서가 아니라, 의치(義齒)들을 접합시키고 식기류를 복원하고, 또 (아우구스티누스가 지적하는 것과 같이) "카르타고의 군중들이 눈여겨 볼 정도로 부끄럽고 타락한 행위들을 하려고" 하는 수단 역할도 할 수 있기 때문이다. 그러나 마르샤 브래디[TV 드라마 주인공]가 그녀의 사랑스런 가정부 앨리스에게 "오, 앨리스, 이 샌드위치 맛은 일품이야! 그야말로 내가 살아 있는 '목적'이지!"라고 선언할 때처럼, 그 목적과 관련해서는 '거친 형'이 좀더 완전하다. 이리하여 천사적 성인들인 베드로와 바오로의 지혜가 확인된다: "때대로 당신은 땅콩[바보]처럼 느끼겠지만, 또 때로는 그렇게 느끼지 않을 것이다."

[해답] 제1답. 당신이 플라톤의 말을 들을 거라구? 그 친구 옷은 정말 근사하지!
제2답. 어떤 대상은 그 자체로 덜 완전할 수도 있고(나는 언제나 그것에 대한 라틴어를 잊어버린다.), 혹은 어떤 대상이 채택되는 방식 때문에 덜 완전할 수도 있다. 이리하여 성작[57]은 본래 좋

---

57. (*역자주) 성작(聖爵, calix). 가톨릭에서 그리스도의 십자가상 희생을 재현하는 미사(Missa) 때에 사용하는 도구로서, 포도주를 담는 잔. 미사의 핵심부에서 이 성작에 담긴 포도주는 그리스도의 성혈(聖血)로 변화된다.

은 물건이지만, 그것으로 아퀴나스를 끊임없이 '벙어리 황소'라고 놀려대는 도미니코회 수사의 이마를 칠 때에는 불완전해진다. 비슷하게 '고운 형' 땅콩버터는 적절한 양의 젤리와 적당히 결합되지 않았을 때에는, 시칠리아의 경우에 그랬던 것처럼 혀가 입천장에 들러붙게 만드는 원인이 될 수 있다. 그러나 이것은 땅콩버터의 적용의 불완전성을 말하는 것이지, 그 존재의 불완전성을 말하는 것이 아니다. 땅콩버터는 죽이지 않는다, 사람이 죽이지.

그런데 이미 추측하였겠지만, 이것은 아퀴나스가 실제적으로 한 말들이 아니다.『신학대전』의 '요리' 부분들은 참으로 아쉽게도 결코 완성된 적이 없다. (맞아. 사실 그는 『신학대전』에 요리 부분을 덧붙일 계획조차 가지고 있지 않았다. 그렇지만, 아퀴나스의 저 유명한 음식 사랑에 비추어 보거나, 그가 만일 몇 년을 더 살았더라면, 혹시 누가 알아?) 그러나 방금 전에 든 예는 아퀴나스의 기본적 방법론을 조명해 준다: 1) 어떤 질문을 제기한다; 2) 다른 철학자나 신학자들의 견해들을 검토한다; 3) 다양한 통찰들에 내한 합리적인 종합을 제공한다. 사실상 아퀴나스는 자신이『신학대전』에서 제기하는 어떤 문제들에 대해서 (위의 예에서처럼) 두 개의 반론들과 두 개의 해답들을 제시하는 것이 아니라, 보통은 3-4개, 많을 때에는 10여개까지도 제시한다. 만일 아퀴나스의 관점들의 압축된 해석을 원한다면, 각 절의 도입부에 있는 문제(질문)을 읽고 곧바로 아퀴나스가 '나는 대답한다'(Respondeo)로 시작되는 '답변' 부분으로 건너뛰면 된다. 그러면 그의 입장에 대한 (때로는 혼란스럽기까지 힌) 일련의 반론들을 어지럽게 통과하지 않고, 곧바로 그의 논거의 요지를 읽게 될 것이다.

그렇지만 아퀴나스의 타고난 재능을 제대로 감상하기 위해서는 여유를 가지고 『신학대전』의 어떤 부분들을 전체적으로 읽을 필요가 있다. 아퀴나스가 인용하는 인물들과 텍스트들의 놀라운 배열에 주의를 기울여 보라: 성경, 그리스 철학자 아리스토텔레스, 유다교 사상가 마이모니데스, 이슬람 철학자 아비첸나, 그리스도교 철학자 아우구스티누스, 그리고 수십, 수백 명의 다른 사상가들. 그리고 아퀴나스가 컴퓨터가 없는 것은 물론이고 오늘날과 같은 도서관과 참고서들이 없던 시절에 글을 썼다는 사실을 기억하라. 그런 방대한 규모의 사상가들을 직접 인용하고, 그들 각각의 논거들의 함의들을 즉각적으로 이해하며 그들의 사상들 사이의 연결점을 도출해낼 수 있는 역량은 매우 특별한 정신으로부터 온 것임에 틀림없다. 어떤 이들은 그를 두고 서구 사상사에서 유례를 찾아볼 수 없는 정신이라고 평하기도 한다.

만일 당신이 끈질기다면, 그 보답을 받을 것이다. 이 책에서 우리가 건드릴 수조차 없었던 어떤 일련의 쟁점들에 대한 아퀴나스의 관점들을 발견하게 될 것이다: 육화(肉化)의 본성이나 세례의 의미와 같은 신학적 쟁점들과, 덕의 중심성이나 거짓말 문제와 같은 도덕적 문제들, 그리고 어떤 습성을 구성하는 것이나 두려움이 언제 인간의 결정들을 덜 의도적인 것으로 만드는지와 같은 심리학적 문제들, 그리고 수많은 다른 문제들에 대한 아퀴나스의 입장들을 말이다. 당신은 심지어 어떤 요리에 관한 지침까지 덤으로 얻을 수 있을지 모른다. 그렇지만 나는 유감스럽게도 땅콩 버터에 관해서만큼은 결코 언급되지 않으리라는 것을 인정하지 않을 수 없다.

좀더 중요한 것으로, 당신은 아퀴나스 안에서 오늘날 우리가 누구인지와, 우리가 가치가 있다고 보는 것이 무엇인지에 관한 유래를 엿보게 될 것이다. 아퀴나스에 따르면, 인간 존재자들은 단적으로 '생각하는' 피조물이다. 아퀴나스 자신의 표현: '인간의 정신은 오로지 생각함으로써만 진리를 이해할 수 있다.' 이성적이고 지성적인 존재자로서 우리가 옳고 그름을 알고, 하느님의 실존을 확립하며, 성(性)의 본성을 발견하고, 사회를 어떻게 구성해야 하는지를 결정하며, 법을 평가하고, 전쟁을 치르고, 폭군을 몰아내며, 우리 자신을 이해한다.

　아퀴나스는 단순하지만 중요한 가르침을 인류에게 물려주었는데, 그것은 유럽이 '암흑기'로부터 깨어나던 때와 마찬가지로 오늘날에도 가치가 있는 가르침이다. 우리가 우리의 이성과 지성을 그것들이 사용되도록 설계된 대로 사용할 때, 그 결과는 오로지 "신적일"(godly) 수밖에 없다. [그런데] 우리가 인간의 정신

과 그 선물들을 거절한다면, 그 결과는 오로지 재앙일 수밖에 없다. 얼마나 많은 미움과 얼마나 많은 고통과 얼마나 많은 불의가 심지어는 (인류에 대한 아퀴나스의 겸손한 책무를 망각한) 진지하고 호의적인 신앙인들에 의해서까지 저질러졌던가! 하느님이 당신에게 주신 지성적 선물들을 사용하라. 개념은 단순하지만, 그 함의는 가히 혁명적이다.(*)

| 추천도서 |

Thomas Aquinas, *An Aquinas Reader*, ed. Mary T. Clark, New York, Fordham University Press, 2000.

Thomas Aquinas, *Introduction to St. Thomas Aquinas*, ed. Anton Pegis, New York, Random House, 1948.

Thomas Aquinas, Nature and Grace: Selections from *the Summa Theologica of Thomas Aquinas*, ed. A. M. Fairweather, Louisville(Ky), John Knox Press, 1995.

Thomas Aquinas, *Selected Writings*, ed. Ralph McInerny, New York, Penguin Books, 1999.

Thomas Aquinas, *Summa contra Gentiles*, tr. Anton Pegis, Notre Dame(In), University of Notre Dame Press, 1997.

Thomas Aquinas, *Summa Theologica*, tr. Fathers of the English Dominican Province, 5 vols., Allen(Tex), Thomas More Publishing, 1981.

Chesterton, G. K., *Saint Thomas Aquinas: The Dumb Ox*, New York, Image Books, 1974(*국역본).

Copleston, Frederick, *Aquinas*, New York, Penguin Books, 1991(*국역본).

Finnis, John, *Aquinas: Moral, Political, and Legal Theory*, Oxford, Oxford University Preess, 1998.

Gilson, Etienne, *The Christian Philosophy of St. Thomas Aquinas*, Notre Dame(IN), University of Notre Dame Press, 1994.

McInerny, Ralph, *Ethica Thomistica, Washington*, Catholic University of America Press, 1997.

Pieper, Josef, *Guide to Thomas Aquinas*, San Francisco, Ignatius Press, 1991(*국역본).

Porter, Jean, *The Recovery of Virtue; The Relevance of Aquinas for Christian Ethics*, Louisville(Ky), John Knox Press, 1990.

달 사쏘, G., OP, 외,『성 토마스 아퀴나스의 신학대전 요약』, 이재룡-이동익-조규만 옮김, 가톨릭대학교출판부, 1997.

로너간, 버나드, SJ,『은총과 자유』, 김율 옮김, 가톨릭출판사, 2005.

로비기, 소피아,『성 토마스의 철학적 인간학』, 이재룡 옮김, 가톨릭출판사, 2015.

로비기, 소피아,『인간과 자연: 철학적 인간학 스케치』, 이재룡 옮김, 가톨릭대학교출판부, 2019.

매키너니, 랄프,『현대 가톨릭의 위기 진단』, 이재룡 옮김, 가톨릭출판사, 2000.

몬딘, 바티스타,『성 토마스의 철학 체계』, 강윤희-이재룡 옮김, 가톨릭출판사, 2012.

박승찬,『토마스 아퀴나스』, 도서출판 새길, 2012.

박주영,『악이란 무엇인가: 토마스 아퀴나스 철학에서 악의 문제에 대한 연구』, 누멘, 2012.

방 스텐베르겐, F.,『토마스 아퀴나스와 급진적 아리스토텔레스주의』, 이재룡 옮김, 성바오로출판사, 2000.

배런, 로버트, OP,『토마스 아퀴나스가 가르치는 세계관과 영성』, 안소근 옮김, 누멘, 2011.

서병창,『토마스 아퀴나스의 윤리학』, 누멘, 2016.

스칸드롤리오, 토마스,『자연법: 성 토마스 아퀴나스의 자연법 이론』, 한영만 옮김, 가톨릭대학교출판부, 2019.

엘더스, 레오, SVD,『토마스 아퀴나스의 형이상학』, 박승찬 옮김, 가톨릭출판사, 2003.

오도넬, 로버트, OP,『쉽게 쓴 토마스 아퀴나스의 철학』, 이재룡 옮김, 가톨릭대학교출판부, 2000.

오미어러, 토마스, OP,『신학자 토마스 아퀴나스』, 이재룡 옮김, 가톨릭출판사, 2002.

와이스헤이플, 제임스, OP,『토마스 아퀴나스 수사: 생애, 작품, 사상』, 이재룡 옮김, 성바오로출판사, 2쇄, 2012.

요한 바오로 2세,『신앙과 이성』, 이재룡 옮김, 한국천주교중앙협의회, 1999.

이나가키 료스케,『토마스 아퀴나스 '신학대전' 새로 알기』, 조규상 옮김, 가톨릭출판사, 2011.

잠보니, 쥬세뻬,『토마스 아퀴나스의 인식론』, 이재룡 옮김, 1996.

체스터튼, G.-K.,『성 토마스 아퀴나스』, 박갑성 옮김, 홍성사, 1984.

침머만, A.,『토마스 읽기』, 김율 옮김, 성바오로출판사, 2000.

케니, 앤서니,『아퀴나스의 심리철학』, 이재룡 옮김, 가톨릭대학교출판부, 1999.

케니, 앤터니,『아퀴나스』, 서병창 옮김, 시공사, 2000.

코플스톤, F., SJ,『토마스 아퀴나스』, 강성위 옮김, 성바오로출판사, 1993.

패렐, 월터, OP,『성 토마스 아퀴나스의 신학대전 해설서(I)』, 조규홍 옮김, 수원가톨릭대학교출판부, 2019.

피퍼, 요셉,『토마스 아퀴나스: 그는 누구인가』, 신창석 옮김, 분노출판사, 1995.

| 인명 색인 |

(가나다 순)

간디(Ghandi, M.)

그로티우스(Grotius, Hugo)

다 빈치(Da Vinci, Leonardo)

도미니쿠스(Dominicus)

레오 13세(Leo XIII)

루터, 마틴(Luther, Martin)

마니케우스(Manichaeus)

마르샤 브래디(Marcia Brady)

마이모니데스(Maimonides)

마틴 루터 킹(King, Martin Luther)

메디슨, 제임스(Madison, James)

바오로 6세(Paulus VI)

바오로 사도(Paulus, St.)

베네딕투스(Benedictus)

베드로(Petrus)

베르나르도 귀(Bernardo Gui)

베르나르두스(Bernardus de Clairvaux)

부시, 조지(Bush, George)

비오 11세(Pius XI)

수아레즈, 프란치스코(Suarez, Francisco)

슈바르츠코프 장군(Schwartzkopf, Norman, general)

아리스토텔레스(Aristoteles)

아베로에스(Averroes)

아벨라르두스(Abelardus, Petrus)

아비첸나(Avicenna)

아우구스티누스(Augustinus)

아틸라(Attila)

안토니누스(Antoninus)

에코, 움베르토(Eco, Umberto)

오난(Onan)

요한 22세(Johannes XXII)

요한 바오로 2세(John Paul II)

우드, 로버트(Wood, Robert)

제퍼슨(Jefferson, Thomas)

조지 왕(George, King)

질송, 에티엔(Gilson, Etienne)

칸트(Kant, Immanuel)

칼뱅, 장(Calvin, Jean)

콘스탄티누스 대제(Constantinus)

텅피에, 에티엔(Tempier, Etienne)

파웰 장군(Powell, Collin, general)

플라톤(Plato)

히에로니무스(Hieronymus)

히틀러(Hitler, Adolf)

주제 색인

(가나다 순)

5도(五道, 다섯 가지 길)(Five Ways)
가톨릭, 가톨릭교회(Catholicism)
간음(fornication)
간통(adulterium)
감각적 경험(sensory experience)
강간(raptus)
거짓말(lying)
걸프전(Gulf War)
계몽주의(Enlightenment)
『고백록』(Confessiones)
공동선(common good(bonum commune))
과두정체(oligarchy)
구약성경(Old Testament)
국제법(international law)
군주제(monarchy)
『군주통치론』(On Kingship)
『군주통치론』(On Princely Government)
권리(rights)
귀족제(aristocratia)
나폴리 대학(University of Napoli)
낙태(abortio)
남색(男色)(sodomia)
노예, 노예제도(slavery)
뉘른베르크 전쟁범죄헌장(Nuremberg War-Crimes Codes)

덕(virtues)
도덕성(morality)
도미니코회원들(Dominicans)
독립선언문(Declaration of Independence)
동성애(homosexualitas)
로마 제국(Roman Empire)
로마인들(Romans)
로만 가톨릭, 로만 가톨릭교회(Roman Catholicism)
르네상스(Renaissance)
마지막 수단(last resort)
목적(end)
미국헌법(United States Constitution)
민주주의(democracy)
배아(胚芽)(fetus)
버밍햄(Birmingham)
법(law)
벙어리 황소(Dumb Ox)
본질(essence)
볼로냐(Bologna)
부수적 피해(collateral damage)
불모성(infertilitas)
불의한 전쟁(unjust war)
불임성(infertility)
비물체적(noncorporeal)
비전투원들(noncombatans)
빅뱅 이론(big bang theory)
사탄(Satan)

산아제한(birth control)
살인(murder)
삼위, 삼위일체(trinity)
성, 성행위(sexuality)
성경(Bible)
성성, 성덕(sainthood)
세례(baptism)
수간(獸姦)(bestialitas)
습성(habitus)
시민불복종(civil disobedience)
시성(諡聖)(canonization)
시험관 수정(in vitro fertilization)
신 실존증명(proofs of God's existence)
『신국론』(City of God)
신분, 지위(state)
신비신학(mystica)
신앙(faith)
『신앙과 이성』(Fides et Ratio)
신약성경(New Teatament)
『신학대전』(Summa Theologiae)
실정법(positive law)
십계명(Ten Commandments)
십자군(Crusaders)
아리스토텔레스주의(Aristotelians)
아퀴노(Aquino)
암흑기(Dark Age)
여자, 여성(woman)

영원법(eternal law)
『영원하신 아버지』(*Aeterni Patris*)
'오직 성경만으로!'(sola fide!)
옥스퍼드 대학(Oxford University)
왕권신수설(divine rights of kings)
우유(偶有)(accidens)
운동(변화)로부터의 논증(argumentum ex motione)
유다교(Jusaism)
유다인(Jew)
'유스 앗 벨룸' 전쟁을 할 권리(jus ad bellum)
유엔인권헌장(United Nations Declaration of Human Rights)
육화(肉化)(incarnation)
'윤리적-동물-대하기-운동'(People for the Ethical Treatment of Animals)(PETA 운동)
의로운 권한(just authority)
의로운 원인(just cause)
의로운 전쟁(just war)
의로운 지향(just intent)
이성(reason)
이슬람(Islam)
이슬람(Muslim)
이중결과(double effect)
『인간 생명』(*Humanae Vitae*)
인간복제(cloning)
인공수정(artificial insemina)
인구증가(population growth)
인권(human rights)

인권선언문(Declaration of Human Rights)
자궁 외 임신(ectopic pregnancy)
자연법(natural law)
자연적 가족계획(natural family planning)
자위행위(masturbatio)
자유선택(free choice)
《장미의 이름으로》(*The Name of the Rose*)
전쟁중의 권리(jus in bellum)
전투, 전쟁(warfare)
접합자(接合子)(zygote)
정당한 권한(legitimate authority)
정체(政體)(polity)
정치, 정치학(politica)
제1 기동자 논증(first mover argument)
제네바 협약(Geneva Convention)
죄(sin)
   본성을 거스르는 죄(against nature)
   성 관련 죄(sexual)
   오난의 죄(of Onan)
   올바른 이성을 거스르는 죄(against right reason)
지복직관(beatific vision)
지성(intellectus)
지향(intent)
지향성(intentionalitas)
창세기(Genesis)
천사(angel)
철학(philosophy)

출산(procreation)
캔터베리 대주교(archibishop of Canterbury)
캠브리지 대학(Cambridge University)
쾌락(pleasure)
쿠웨이트(Kuwait)
토마스주의(Thomism)
파리 대학(University of Paris)
평화주의(pacifism)
폭정(tiranny)
하느님(God)
학문, 과학(science)
핵무기(nuclear arms)
혁명(revolution)
형이상학(形而上學)(metaphysics)
환경(environment)
황금률(Golden Rule)

| 역자 후기 |

    30년 이상 토마스 아퀴나스 성인의 작품들과, 그의 사상을 안내해주는 훌륭한 선배 연구자들의 해설서들과 씨름하며, 그의 사상을 이해하고 갈피를 잡아 나가는 데 도움을 받은 30권 가까운 관련 서적들을 번역해 왔지만, 바다와도 같이 넓고 깊은 그의 '진리 사랑' 세계는 아직도 갈 길이 멀기만 하고 또 어렵다. 평생 아둔한 학생이 내 천직인 모양이다. 그리고 주변에서는 한결같이 성 토마스의 사상은 접근하기 어렵다는 말을 자주 듣는다. 해서 큰 어려움 없이 다가갈 수 있는 아퀴나스 입문서가 절실하다는 생각을 오래 전부터 해왔는데, 풍부한 삽화가 곁들여져 있는 티모시 레닉의 균형잡힌 이 소책자야말로 그런 바람을 충족시켜 줄 수 있다고 믿는다. 마음만 먹으면 한 숨에 읽을 수도 있을 만큼 쉽고 간결하며 재미까지 있는 안내서이다. 많은 이들이 나처럼 이 책을 읽고 큰 도움을 받았으면 좋겠다.

    먼저, 이 책의 출간을 위해 큰 도움을 주신 두 분에게 특별히 고맙다는 말씀을 드린다. 영문학을 전공하시고 신학생들에게 영어 가르치는 것을 기쁨으로 삼고 계시는 정혜경 소화데레사 선생님은 본문과 삽화들 속의 짧은 현대 생활영어 표현들 때문에 쩔쩔매는 역자의 수많은 고민거리들을 말끔히 해결해 주셨다. 그리고 국문학을 전공하신 김순진 요안나 선생님은 어설픈 문장들과 애매한 표현들을 날카롭게 지적하시고 바로잡아 주셨다. 너나할것없이 바쁜 오늘날의 일상 가운데 기꺼운 마음으로 거친 초고를 읽고 다듬고 바로잡는 수고를 아끼지 않으신 두 분 선생님들의 호의와 우정에 깊은 감사를 드린다. 또한 마지막 단계에서 세밀한 부분들의 오류들까지 바로잡아준 제자 손윤정 마리아 자매에게도 감사드린다.

이 짧은 안내서는 《한국성토마스연구소》에서 펴내는 최초의 책이다. 이 기회에 만사를 언제나 지혜로운 섭리의 손길로 이끌어 가시는 하느님께 앞길을 맡겨 드리며, 영광을 돌리고 싶다. 그리고 그 동안 연구소의 설립과 활동을 위해 실질적 지원과 격려를 아끼지 않으신 염수정 안드레아 추기경님과 정진석 니콜라오 추기경님을 비롯해 서울대교구 주교님들과 여러 주교님들, 학교법인 가톨릭학원의 김영국 신부님과 동료 신부님들, 그리고 동창 및 선후배 신부님들과 수많은 후원인 여러분께 감사하다는 말씀을 전하고 싶다. 특히 20년째 불황을 겪고 있는 우리나라의 어려운 산업 현실 속에서도 벌써 5년째 꾸준히 거금을 후원해주고 계신 정영숙 비아(다빈치 회장)님께 깊이 감사드린다. 기도와 희생으로 성원해주시는 한 분 한 분의 고귀한 뜻 받들어, 더욱 열심히 정진하며, 앞으로도 기회가 닿는 대로 성 토마스와 관련된 크고 작은 책자들을 펴낼 계획이다. 많은 관심을 가지고 지켜봐 주시고, 또 많이 이용해 주시기를 청하고 싶다.

2019년 11월 15일, 한국성토마스연구소 설립 3주년에
횡성 정금산 자락에서, 옮긴이